Der Landkreis Verden

Mit Texten und Fotografien von
Uwe Dammann und Uwe Fricke

MVS Medien-Verlag Schubert

Uwe Dammann (Text und Fotos): 1958 geboren in Apensen (Kreis Stade), absolvierte eine kaufmännische Lehre und machte in Buxtehude sein Abitur. Anschließend studierte er in Göttingen und Berlin Germanistik und Publizistik, schrieb für Tages- und Wochenzeitungen in Berlin, Hamburg und Stade und arbeitet heute als Redakteur beim Weser-Kurier, Achimer Kurier und wohnt in Ottersberg. Bisher veröffentlichte er sechs Text- und Bildbände zur Regionalgeschichte norddeutscher Städte und Dörfer.

Uwe Fricke (Fotos): geboren 1959 in Jembke. Nach der Schule erfolgte eine technische Ausbildung. Anschließend Arbeit als Foto-Assistent im High-Speed-Film-Bereich bei der Volkswagen AG. 1985 Abitur auf dem zweiten Bildungsweg. 1988 – 1993 Studium der Geographie. Seit 1985 freie Mitarbeit als Bildjournalist bei Wolfsburger Kurier, Wolfsburger Allgemeinen, der Evangelischen Zeitung in Wolfsburg und dem Weser Kurier in Bremen. Langjährige Zusammenarbeit mit der pictura GmbH im Bereich der Schulfotografie. Tätig als freier Fotograf für Agenturen und Firmen.

ISBN 978-3937843-18-6

Konzeption/Gestaltung: Uwe Schubert /Ann-Kristin Nuernbergk
Printed in Germany

Inhaltsverzeichnis

Edle Pferde, ehrwürdige Geschichte und Moderne

Der Landkreis Verden hat Kultur und Lebensart zu bieten

S. 4: Morgenrot mit überschwemmten Wümmewiesen bei Ottersberg

P. 4: Sunrise over the flooded Wümme meadows at Ottersberg.

Hier gibt's die schönsten Rinder bei der Schau der Besten, die teuersten und edelsten Pferde bei der Eliteauktion in Verden, prachtvolle Gebäude der Weserrenaissance wie den Erbhof in Thedinghausen, das verwunschene idyllische Dorf der Bauern und Künstler in Fischerhude, die unglaubliche Geschichte vom kleinen Dorfladen zum Großkaufhaus in Posthausen, den ehrwürdigen Dom mit der 1000-jährigen Geschichte in Verden, das Zuckerbäckerhaus in Achim und vieles mehr. Keine Frage, der Landkreis Verden hat viel zu bieten.

Das weiß so gut wie jeder der rund 134 000 Einwohner zu schätzen, die hier leben, und ist für jeden Besucher eine Einladung, hier Urlaub zu machen.

Kultur, Lebensart und regionale Identität spiegeln sich auch in den Baudenkmalen einer Region wider. Im Landkreis Verden finden sich viele dieser steinernen Zeugnisse längst vergangener Epochen. In Etelsen ist es das herrschaftliche Schloss mit dem prächtigen Schlossgarten, in Ottersberg ist es der historische

S. 6: Blühender Raps im Wonnemonat Mai mit Blick auf die Maria-Magdalena-Kirche in Thedinghausen.

P. 6: Blossoming rapeseed in the merry month of May, with a view of the Maria Magdalena church in Thedinghausen.

S. 7: Beliebter Freizeitsport im Kreis Verden: Kanu fahren – wie hier auf der Wümme bei Ottersberg.

P. 7: A popular recreational activity in the district of Verden: canoeing, as here on the Wümme at Ottersberg.

S. 8: Eines der Wahrzeichen der Stadt Achim. Die Windmühle, die durch den Mühlenverein restauriert und instand gehalten wird.

P. 8: One of the landmarks of the town of Achim. The windmill, which has been restored and maintained by a society formed for just this purpose.

S. 9: Gästeführer Hilde Koch und Karlheinz Dörl in Trachtenkleidung vor dem Ottersberger Amtshof.

P. 9: Tourist guides Hilde Koch and Karlheinz Dörl in traditional costumes in front of the Ottersberger Amsthof.

Amtshof, in Verden der Dom und in Thedinghausen der Erbhof. Wer sich für verschiedene Bauepochen aus den unterschiedlichsten Jahrhunderten interessiert, sollte gleich eine Rundreise zu den Baudenkmälern starten. Wer gute Kondition hat, kann das sogar mit dem Fahrrad tun. Vielmehr als 50 Kilometer dürfte der Radler dabei nicht zurücklegen, um alle aufgeführten Sehenswürdigkeiten vor Ort in Augenschein zu nehmen. Wahrzeichen und gleichzeitig Schmuckstücke in der Landschaft sind aber auch die vielen Wind- und Wassermühlen im Kreisgebiet. Die Schmomühle in Brunsbrock, die Osmersche Windmühle in Westen oder die Windmühlen in Dörverden, Blender, Etelsen, Achim oder Quelkhorn bei Fischerhude.

Apropos Fischerhude – das Dorf der Bauern und Künstler gilt als malerisches Kleinod im Kreis, das Besucher aus ganz Deutschland anzieht. „Köstlich war es, am Sommerabend auf der Wümme zu staken, vorbei an dem üppigen Baumwuchs, der die Ufer säumte, unter den primitiven alten Holzbrücken durch, auf hohen Beinen standen die drolligen Entenhäuser. Überall herrschte reges Leben von Enten und badenden Kinder. So waren es immer genussreiche, künstlerisch aufregende Stunden, die wir in Fischerhude verlebten", schrieb Otto Modersohn 1941 über seine ersten Begegnungen in Fischerhude. Das Dorf gefiel dem Landschaftsmaler so gut, dass er blieb und sich mit seiner Familie hier niederließ. Heute erinnert das Otto Modersohn-Museum, das von der Familie Modersohn betrieben wird, mit wechselnden Ausstellungen an das Lebenswerk des Künstlers.

Während in Fischerhude die Nebenarme des Flusses Wümme verwinkelt durch den Ort führen, sind es in der über 1000 Jahre alten Domstadt Verden, die vie-

S. 10: Der Dom in Verden – ein steinerner Zeuge aus alter Zeit und Wahrzeichen der Stadt wurde 1490 vollendet.

P. 10: The cathedral in Verden – stone witness to history and landmark of the town. It was completed in 1490.

S. 11: Blick auf die prächtige Orgel im Verdener Dom.

P. 11: A view of the splendid organ in the Verden cathedral.

S. 12: An einem Nebenarm der Wümme in Fischerhude. In dieser Naturidylle, die heute immer mehr Besucher anzieht, fanden Maler wie Otto Modersohn ihre Motive.

P. 12: On a branch of the Wümme in Fischerhude. In this natural idyll which attracts more and more visitors today painters like Otto Modersohn found their motives.

S. 13: Die prächtige Eichenallee von Kirchlinteln nach Kükenmoor.

P. 13: The splendid oak avenue leading from Kirchlinteln to Kükenmoor.

len kleinen Gassen und Straßenzüge, die auch heute den Reiz der Kreisstadt ausmachen. Mächtig erhebt sich aus dem Gassengewirr der Südstadt der Dom, der 1490 seine jetzige Gestalt erhielt. Heute ist der einstige Bischofssitz allerdings recht weltlich orientiert. Verden präsentiert sich als Zentrum der Pferdezucht und des Pferdesportes mit dem Deutschen Pferdemuseum sowie der Rinderproduktion. Gleichzeitig ist es das Verwaltungszentrum des Kreises mit zahlreichen Landes- und Regionalbehörden und mit Land- und Amtsgericht. Die zweite Stadt im Kreisgebiet – Achim – steht Verden in der Einwohnerzahl in nichts nach. Im Gegenteil: Mit rund 30 000 Einwohnern gibt es sogar noch rund 2 500 mehr Achimer als Verdener. Der Hauch des Mittelalters fehlt hier allerdings. Stattdessen haben die Stadtplaner in Achims Fußgängerzone „italienisches Flair“ ausgemacht und der Stadt vor einigen Jahren die Goldmedaille verliehen. Ein modernes Rathaus prägt die Innenstadt. Gleich gegenüber Rathaus und Stadtbücherei steht das 1789 gebaute Pforthaus, das früher als Gefängnis der Stadt diente.

Das sind allesamt nur einige der Sehenswürdigkeiten, die den Reiz des Landkreises ausmachen. 788 Quadratkilometer umfasst der Landkreis, der in unmittelbarer Nachbarschaft zur Großstadt Bremen liegt. Wer mit Bahn oder Auto in die Hansestadt will – kein Problem. Gleich zwei Autobahnen – die A 1 und die A 27 – führen in die Großstadt und die Regionalbahnen mit den Strecken von Bremen nach Hamburg und Hannover halten auch in Achim, Langwedel, Verden, Oyten oder Ottersberg.

Wer lieber mit dem Fahrrad unterwegs ist, der findet hier ein abwechslungsreiches Landschaftsbild vor, das alle typischen Elemente Norddeutschlands aufweist. Die Flussmarschen der Weser- und Allerniederung nehmen den südwestlichen Teil des Kreisgebietes ein. Sie sind die Zentren der hannoverschen Pferdezucht.

Die Wümmeniederung, die den Norden des Landkreises durchzieht, weist zahlreiche Niedermoore auf und gilt als schützenswertes Feuchtgebiet von internationaler Bedeutung. Im Südosten findet sich die leicht hügelige Verdener und Lintelner Geest. Die waldreiche Landschaft bildet einen Übergang zur nahen Lüneburger Heide.

Und gefeiert wird auch mächtig im Kreis Verden. Allerspektakel, Freilichttheater, Konzerte, Domweih in Verden, Thänhuser Markt oder der Herbstmarkt in Ottersberg – mit einer über 300 Jahre alten Tradition – zeugen neben vielen anderen Festen von der Feierfreudigkeit der Menschen im Kreis.

Wo gefeiert wird, wird auch gearbeitet. Internationale Firmen wie Vitakraft in Achim, Mars in Verden oder das Großkaufhaus Dodenhof in Posthausen zeugen von Wirtschaftskraft und Branchenvielfalt. Entdecken Sie den Kreis Verden. Es lohnt sich.....

S. 14 oben: Das spätbarocke Verdener Rathaus wurde im Jahre 1730 erbaut und im Jahre 1874/75 umgebaut.

P. 14 above: Verden's late Baroque Town Hall was built in 1730 and modified in 1874/75.

S. 14 unten: Die Allerfähre „Marie Hoffmann II" zwischen Otersen und Westen kommt mit innovativer Technik in Fahrt: Der Elektromotor der Fähre wird mit Solarenergie angetrieben.

P. 14 below: The Aller ferry „Marie Hoffmann II" between Otersen and Westen is powered by innovative technology. The ferry's electric motor runs on solar energy.

S. 15: Prächtige Blumenstauden beim Gartenkulturfest im Park des Schloss Etelsen

P. 15: The splendid flowering shrubs at the Gartenkulturfest (Garden Culture Festival) in the park of Etelsen castle.

Blick in die Verdener Innenstadt um 1920: Der historische Stadtkern hat sich seither kaum verändert.

A view of the Verden's centre around 1920. Since then, the historical downtown has hardly changed.

Verden – die Reiterstadt an der Aller

Historischer Dom und das Zentrum der Pferdefreunde

Verden – wer nicht so ganz firm in der deutschen Rechtschreibung ist, der kann den Stadtnamen von Pferden ableiten, denn die es gibt es tatsächlich reichlich in der Reiterstadt Verden. Aber obwohl die Vierbeiner hier so beliebt sind und sogar ein eigenes Museum sowie mehrere Denkmäler erhalten haben, hat der Stadtname so gar nichts damit zu tun. Der Name Verden leitet sich viel mehr von einer Furt über die Aller ab. Da die Stadt an einer wichtigen Handelsstraße lag, siedelte man hier früh. Schon in der Jungsteinzeit nutzten Händler hier den günstigen Aller-Übergang nicht weit von der Einmündung in die Weser. Diesem alten Allerübergang verdankt die Stadt ihren Namen: In ihm steckt das alte Wort für „Furt" oder „Fähre", haben die Stadtchronisten herausgefunden. Fakt ist: Die Stadt ist schon weit über 1000 Jahre alt und diesen Hauch von Tradition spürt man allerorten. Zwischen 800 und 814 liegen wohl die Anfänge des Bistums Verden und 18 Jahre zuvor hatte die Stadt schon überregional Berühmtheit erlangt. Allerdings durch einen Vorgang, der später als „Verdener Blutgericht" in die Geschichtsbücher einging. Frankenkönig Karl ließ 782 im Raum Verden 4500 aufständische Sachsen hinrichten (so mittelalterliche Quellen). 4500 Findlinge aus allen Regionen Niedersachsens säumen heute im Sachsenhain einen Rundgang, der 1935 von den Nationalsozialisten errichtet wurde und an die Hinrichtung der Sachsen während des Verdener Blutgerichts erinnern soll. Die Zahl von 4500 Opfern ist allerdings wissenschaftlich nicht belegt. Heute gehört die gesamte Anlage der Evangelischen Landesjugendkirche. Der 1,5 Kilometer lange Rundgang ist öffentlich zugänglich.

1985 feierte man die Verleihung der Markt-, Münz-, Zoll- und Bannrechte vor 1000 Jahren durch König Otto III. an den Verdener Bischof Erpo. Das heutige Verden bestand lange Jahre hindurch aus zwei Herrschaftsbereichen. Die Kaufmanns- und Handwerkersiedlung – zugleich der Sitz weltlicher Verwaltungs- und Gerichtsbehörden – bildete die Norderstadt rings um das heutige Rathaus und die St. Johanniskirche. Die Süderstadt war Sitz des Bischofs und stand unter der Herrschaft des Domkapitels. Erst im Jahre 1667 wurden beide Städte durch die schwedische Regierung unter einer Stadtobrigkeit vereinigt. Schon 250 Jahre früher wurde Verden als freie Reichsstadt anerkannt.

Klar, dass sich in einer Stadt mit einer langen Geschichte auch viele Traditionen bis heute halten. Ein Beispiel, das auch heute noch viel Politprominenz und Schaulustige nach Verden lockt, ist die Lätare-Spende, die auf den legendären Piraten Störtebeker zurückgehen soll.

Seit Jahrhunderten werden am Montag nach dem Kirchensonntag Lätare Brot und Heringe an die Bevölkerung verteilt. Störtebeker selbst soll diese Spende der Stadt vor seiner Hinrichtung vermacht haben. Neben Brot und Heringen auf dem Rathausplatz lädt man sich in Verden Gäste aus nah und fern ein, die mit einem „Seeräuber-würdigen" Heringsbüfett bewirtet werden. Wohltätige Spenden der Gäste sind dabei im Sinne Störtebekers.

Traditionsreich auch die Geschichte von der Braut und dem Goldmann-Grab auf dem Verdener Domfriedhof. Jedes Jahr am 10. Mai wird dieses Grab von einer Braut geschmückt, die am 11. Mai, dem Todestag des Franz Goldmann, heiraten wird. Damit wird eine Stiftung erfüllt, die Vater Goldmann im Jahre 1821 der Stadt vermacht hat.

Als bauliches Wahrzeichen der mittelalterlichen Stadt gilt der Dom. 1490 wurde der Bau des Domes vollendet. Sein Hallenumgangschor gilt als der älteste auf deutschem Boden und wurde beispielgebend für andere Sakralbauten. 1737 wurde bei einem Sturm der Helm des Turms abgerissen und der Dom erhielt sein auch noch heute charakteristisches Zeltdach. Der Dom kann täglich 9 bis 17 Uhr außerhalb der Gottesdienste besichtigt werden. Mindestens genau so alt: Die St. Andreaskirche: Im Schatten des Doms wurde sie im romanischen Stil Mitte des 12. Jahrhunderts erbaut. Die Grabplatte des Bischofs Yso aus Messing mit feinen Ziselierungen gilt als einmalig in ihrer Art. Die St. Johanniskirche in der Norderstadt ist eine der ältesten Backsteinkirchen in Norddeutschland. Besonders zu erwähnen sind die mittelalterlichen Wand- und Deckenmalereien, die teilweise erst bei der letzten Renovierung freigelegt wurden.

Sehenswert auch das Rathaus in der Stadtmitte. Heute undenkbar, dass das Verdener Rathaus seinen weißen Turm aus dem Jahre 1903 nicht mehr hätte. Aber Anfang der 70er Jahre wurde heftig in der Stadt

An die Garnisonsstadt Verden erinnern zahlreiche Ausstellungsstücke im historischen Museum – dem Domherrenhaus.

The historical museum – the cathedral manor house. Many of the exhibits here recall Verden's time as a garrison town.

diskutiert, ob der Turm in Stile des Historismus zur barocken Fassade passt, oder ob man nicht doch besser den damals baufälligen Turm abreißen sollte.

Auch wenn die prächtigen Bauten manchmal den Anschein machen, die Stadt lebt nicht nur von ihrer Tradition. Heute ist der einstige Bischofssitz in weltliche Zentrumsfunktionen übergegangen. Verden präsentiert sich im 21. Jahrhundert als ein Zentrum der Rechtspflege, als Zentrum der Pferdezucht und des Pferdesportes, als Zentrum der Rinderproduktion sowie als Verwaltungszentrum mit zahlreichen Landes- und Regionalbehörden.

Die Pferde spielen in Verden eine zentrale Rolle. Seit Verden 1648 Garnisonsstadt – vor allem für Reiterregimenter – wurde, verbindet sich die Geschichte der Stadt Verden mit Pferden. „Reiterstadt" wird Verden seit den 30er Jahren genannt, als 1930 zum ersten Mal ein großes Reit- und Fahrturnier stattfand und 1933 die Galopprennbahn eingeweiht wurde. Heute finden dort bedeutende Turniere wie Dressur-Europameisterschaften und Deutsche Meisterschaften statt. Von den Verdener Auktionen nehmen die Hannoveraner ihren Weg in die ganze Welt. Pferdefreundliche Gemeinde darf sich Verden nennen und man ist stolz darauf und hat das mit einem eigenen Pferdemuseum sowie zahlreichen Denkmälern und Skulpturen dokumentiert. Zum Deutschen Pferdemuseum gehört die hippologische Bibliothek mit über 16 000 Bänden. Wer sich für eine „Anleitung zur Beurteilung des Pferdeheus" oder für die „Enthüllten Geheimnisse der Pferdehändler und Rosstäuscher" interessiert, ist hier genau richtig. Wahrzeichen des Museums ist das lebensgroße Denkmal des Trakener Zuchthengstes Tempelhüter. Ob Pferde-Fan, Hippologe (Mensch mit ausgeprägtem Pferdesachverstand) oder einfach nur so: Hier erzählt man Ihnen was vom Pferd.

Die Geschichte der Stadt, in der viele Handwerkszünfte zu Hause waren und obendrein zur Mitte des 17. Jahrhundertes ausländische Truppen das Stadtbild beherrschten, ist im Museum im Domherrenhaus nachzuvollziehen. Verden war früher Garnisonsstadt. Mal waren es schwedische Truppen, dann dänische, dann preußische, dann die des Königsreiches Hannover oder des Franzosenkaisers Napoleon, die hier ihren Standort hatten.

Aber auch das ist Geschichte: Zur Gegenwart gehört, dass die Verdener bis zum heutigen Tag gern und groß feiern. Bereits im Januar gibt es hier Norddeutschlands größte Sportgala „Sport und Schau", gefolgt vom Verdener Hallen-Reitturnier. Schon im März geht es mit der Lätare-Spende (Verteilung von Brot und Heringen vor dem Rathaus) weiter. Ende Mai/ Anfang Juni beginnt in Verden die 5. Jahreszeit, die Verdener Domweih, mit einem großen Festumzug. Die Domweih ist einer der ältesten Märkte in Norddeutschland. Die Verdener Sommerkonzerte finden von Mai bis September jeweils donnerstags um 19 Uhr im Dom statt. Die Domfestspiele feierten 2008 ihr 10-jähriges Jubiläum. Vor der Kulisse des historischen Domes ist ein großes Bühnenspektakel zu sehen, das stets eine Episode Verdener Geschichte in den Mittelpunkt rückt. Im September folgen die Verdener Jazz- und Bluestage. In sämtlichen Gaststätten der Stadt gibt es Live-Musik zu hören. Das Jahr klingt in der Adventszeit mit vielfältigen Konzerten in den Verdener Kirchen aus.

S. 19: Hier erzählt man Ihnen etwas vom Pferd.
In Verden erinnern kleine und große Denkmäler an die Pferdeleidenschaft ihrer Bewohner.

P. 19: You get it straight from the horse's mouth here.
Monuments great and small commemorate the Verden residents' passion for horses.

S. 20: Fachwerkidylle bestimmt das Stadtbild in Verden mit zahlreichen kleinen Gassen, gesäumt von prächtig herausgeputzten Häusern.

P. 20: Half-timbered idyll determines Verden's urban landscape with its many little lanes, lined by houses that are splendidly decorated.

S. 21: Große überregionale Reitturniere wie die Dressur-Europameisterschaften oder die Deutschen Meisterschaften der Springreiter finden in Verden statt.

P. 21: Great national horse shows such as the European Dressage Championships or the German Showjumping Championships take place in Verden.

413
WBF

RATHAUS

Das historische Verdener Rathaus in der Fußgängerzone ist eine herausragende Sehenswürdigkeit. Der spätbarocke Bau wurde im Jahre 1730 errichtet und im Jahre 1874/75 umgebaut.

Verden's historical Town Hall in the pedestrian precinct is an exceptional sight. The late Baroque building was constructed in 1730 and rebuilt in 1874/75.

S. 24: Der Dom überragt die historische Altstadt mit ihrer Fußgängerzone, in der sich zahlreiche kleine Geschäfte befinden.

P. 24: The cathedral towers above the historical old town with its pedestrian precinct in which there are numerous small shops.

S. 25 oben: Der Kreuzgang des ehemaligen Benekdiktinerklosters, später Domherrenstifts, beim Verdener Dom.

P. 25 above: The cloister of the former Benedictine abbey, later a capitular monastery, near Verden Cathedral.

S. 25 unten: Ausschnitt aus dem kunstvoll gestalteten Altar des Verdener Doms.

P. 25 below: Part of the artistically arranged altar of Verden Cathedral.

Der Schauspieler Dieter Jorschick verteilt bei der Lätare-Spende als Klaus Störtebeker Heringe und Brot auf dem Verdener Rathausplatz.

The actor Dieter Jorschick, dressed as Klaus Störtebeker, hands out herrings and bread at the Laetare Benefit on the Verden Town Hall square.

Verdens Fußgängerzone lädt zum Verweilen ein. Viele kleine und große Geschäfte locken die Kunden an.

Verden's pedestrian precinct invites one to stay a while. Many small and large shops tempt the customers.

S. 27: oben und unten: Das Ackerbürgerhaus in der Strukturstraße ist eines der ältestens Häuser der Stadt und wurde im Jahre 1577 erbaut. Im Kreis Verden gehört es zu den wenigen Häusern aus der Zeit vor dem 30jährigen Krieg.

P. 27: above and below: Ackerbürgerhaus in Strukturstraße is one of the oldest houses in the town and was built in 1577. It is one of the few houses in Verden district from the time before the Thirty Years' War.

Der Verdener Dom ist das Wahrzeichen der Stadt und überragt sämtliche Gebäude.

Verden Cathedral is the town's landmark and towers above all its buildings.

Ende Mai/Anfang Juni beginnt in Verden die fünfte Jahreszeit: Die Verdener Domweih mit großem Festumzug durch die Stadt. Die Domweih ist einer der ältesten Märkte in Norddeutschland.

In Verden the fifth season of the year starts at the end of May/start of June: Verden Domweih with a large procession through the town. Domweih is one of the oldest markets in North Germany.

Da gibt es was zu sehen: Schaulustige in den weit geöffneten Fenstern beobachten das bunte Treiben beim Domweihfestumzug. Mit Ritterkostümen erinnern die Verdener an die lange Tradition der Stadt.

There is a lot to see there: Onlookers at the wide open windows watch the colourful hustle and bustle of the Domweih parade. Dressed as knights the inhabitants of Verden commemorate the town's tradition.

Bei den Verdener Jazz- und Bluestagen ist mächtig was los in den Kneipen. Die kultige Veranstaltung im September, an der sich die Verdener Gastronomie beteiligt, gibt es auch schon mehr als ein Jahrzehnt.

There's a whole lot going on in the pubs during the Verden Jazz and Blues Days. This cool event in September, in which the Verden restaurant industry also participates, has already been around for more than a decade.

2008 feierten die Domfestspiele ihr 10-jähriges Jubiläum. Aus diesem Anlass wurde vor der Kulisse des historischen Domes das Stück „Der Raub des Domschatzes" aufgeführt .

The Cathedral Festival celebrated its 10th anniversary in 2008. On this occasion the play „Der Raub des Domschatzes" (Theft of the Cathedral Treasure) was performed using the historical cathedral as a backdrop.

Verden hat ein eigenes Pferdemuseum, das die Geschichte des Pferdes anschaulich nachvollziehen lässt. Hier kann die unendliche Beziehungsgeschichte zwischen Mensch und Pferd erkundet werden. Große und kleine Besucher kommen gleichermaßen auf ihre Kosten.

Verden has its own Horse Museum, which vividly retraces the history of the horse. Here you can study the never-ending history of the relationship between man and horse. Adult visitors and children – both get their money's worth.

Verden hat sich nicht nur als Reiterstadt einen Namen gemacht, sondern ist auch ein Zentrum der Rinderzucht. Verden gilt heute als Tierzuchtzentrum von internationalem Rang. Bei Masterrind gibt es alljährlich die „Schau der Besten“, bei der die schönsten Rinder des Bundeslandes gekürt werden. Aber nicht nur das: Die Besucher können auch Einblick in die Technik erhalten, mit denen das wertvolle Zuchtmaterial frisch gehalten wird.

Verden has made a name for itself not only among riders but also as a centre for cattle breeding. Verden is today regarded as a stockbreeding centre of international rank. At Masterrind there is annually a „Show of the Best“ in which the handsomest cattle in the country are selected. But not only that: Visitors also gain insight into the technology used to keep the valuable breeding material fresh.

S. 34/35 und S. 35 oben: Der Sachsenhain in Verden: 4500 Granitsteine säumen den Rundgang, der 1935 von den Nationalsozialisten errichtet wurde und an die Hinrichtung von 4500 Sachsen während des Verdener Blutgerichts erinnern soll. Diese Zahl ist jedoch wissenschaftlich nicht belegt. Heute gehört die gesamte Anlage der Evangelischen Landesjugendkirche. Der 1,5 Kilometer lange Rundgang ist öffentlich und kann auch für Ruhepausen gut genutzt werden.

P. 34/35 and P. 35 above: The Saxon Grove in Verden: 4500 granite stones line a pathway that was created by the National Socialists in 1935 to commemorate the execution of 4500 Saxons during the Massacre of Verden. This number has not, however, been scientifically proven. Today the entire complex is owned by the Protestant Landesjugendkirche (country youth church). The 1.5-kilometre long path is open to the public and can also be used for recreational breaks.

S. 35 unten: Die Reiterstadt hat auch ein Herz für Vögel: Im Sommer 2003 wurde die neue Storchenpflegestation eröffnet. Hier werden kranke und verletzte Störche aufgenommen und gepflegt, bis sie im Herbst wieder ihre Reise gen Süden antreten können.

P. 35 belowThe riders' town also has a love for birds: In the summer of 2003 the new stork nursing station opened. Ill and injured storks are taken in and cared for until they are able to begin their journey south in autumn again.

Geselliges Beisammensein unter mächtigen Linden – der Gasthof zum alten Krug um 1920.

Convivial get-together under mighty limewoods – the inn „Gasthof zum alten Krug" in 1920.

Die Mitte des Landkreises

Der Flecken Langwedel ist geprägt durch die Lage an der alten Heer- und Handelsstraße

Der Ort liegt fast genau zwischen Achim und Verden und ist damit so etwas wie die Mitte des Landkreises Verden. Kein Wunder, dass sich der Flecken Langwedel bei Menschen, die auf dem Lande, aber gleichzeitig nicht weit von den Mittelzentren wohnen möchten, wachsender Beliebtheit erfreut. Wer in einer der beiden Städte Achim oder Verden arbeitet oder seinen Arbeitsplatz in der Hansestadt Bremen hat, findet hier einen optimalen Standort vor. Die A 27 ist nicht weit und der Ort liegt an der Bahnlinie Bremen-Hannover mit gleich zwei Bahnhöfen in Etelsen und Langwedel. Zahlreiche neue Wohngebiete und ein Gewerbegebiet sind äußere Zeichen für die attraktive Lage des Ortes, der sich auch in Zukunft stetig weiterentwickeln will und zurzeit rund 14 700 Einwohner hat.

Doch der Ort setzt nicht nur auf seine Neubürger, sondern auch auf die lange Tradition. Die 780-jährige Geschichte Langwedels ist geprägt durch die Lage an der alten Heer– und Handelsstraße, die von Bremen aus in den Süden führte. Sie war der einzige Verbindungsweg zwischen dem Erzbistum Bremen und dem Bistum Verden. An dieser Straße errichtete der Bremer Erzbischof Gerhard II. in Langwedel zur Sicherung der Grenze an der Heerstraße eine Burg. Diese strategisch bedeutsame Burg hat ein wechselvolles Schicksal erlitten und ist, insbesondere im 30jährigen Krieg, heftig umkämpft gewesen.

Die Bezeichnung Flecken stammt im Übrigen aus dem Mittelalter und besagt, dass Langwedel Marktrechte besitzt, aber auch Bürgerrechte verleihen durfte. Die Verleihung von Bürgerrechten war im Mittelalter sonst nur Städten vorbehalten. Der Flecken Langwedel in seinem heutigen Zuschnitt ist im Zuge der Gebietsreform 1972 aus den Gemeinden Daverden, Etelsen, Haberloh, Holtebüttel, Langwedel und Völkersen gebildet worden. Das Gemeindegebiet umfasst eine Größe von ca. 7 610 ha. 90 aktive Vereine und Organisationen gibt es in der Gemeinde. Ein Zeichen dafür, dass Freizeit hier einen hohen Stellenwert genießt und auch von Gästen und Erholungssuchenden geschätzt wird. Umfangreiche Waldflächen in Haberloh und Völkersen sowie das reizvolle Daverdener Holz an der Flussniederung der Alten Aller laden zu ausgedehnten Spaziergängen ein. Die Weser bildet die natürliche Grenze zur Samtgemeinde Thedinghausen. Hier nutzen nicht nur Radtouristen des Weserradwanderweges sondern auch heimische Radfahrer und Inlineskater die gut ausgebauten Wege in der Wesermarsch-Landschaft.

An markanten Gebäuden fällt im Ort vor allem das Rathaus auf – mit der Skulptur des Pferdehändlers, der seinem Tier am Brunnen Wasser reichen lässt. Die Figurengruppe weist auf die alte Markttradition des Fleckens hin.

In Daverden lohnt vor allem die Sigismund-Kirche einen Besuch. Wer von Intschede her über die Kanalbrücke kommt, sieht sie über dem alten Daverdener Dorf aufragen. Mit ihrem Namen wurde sie dem heiligen St. Sigismund geweiht, einem Burgunderkönig, der 524 von den Franken besiegt wurde. Die Kirche thront auf dem Geestrücken über dem Tal von Aller und Weser. Aufgrund ihrer Lage und der kompakt wirkenden Bauweise wird sie von einigen Einheimischen auch liebevoll als „die Burg“ bezeichnet. Die kompakte Bauweise der roten Backsteinkirche äußert sich durch die nachträglich angebauten Stützpfeiler und den niedrigen Turm.
Ihren Platz in diesem Turm haben zwei Glocken. Die größere stammt aus dem Jahre 1395 mit der Inschrift „O König der Ehre komm mit deinem Frieden...“. Die kleinere aus dem Jahre 1638 hat die Inschrift „Ist Gott mit uns, wer mag wider uns..“. Das genaue Gründungsjahr der Kirche ist unbekannt; sie dürfte aber zu den ältesten im Kirchenkreis Verden gehören (12. Jahrhundert).

Und last but not least – gibt es das Schloss Etelsen, beliebter Ausflugspunkt und Baudenkmal im Kreis Verden. Der Landkreis und der Schlossparkverein Etelsen e. V. freuen sich, dass es gelungen ist, dies weit über den Landkreis Verden hinaus bedeutsame Schloss und den unter Denkmalschutz stehenden Schlosspark mit seiner Flora und Fauna in seiner Gesamtheit zu erhalten. Bereits 1873 wurde das Mausoleum in einer neugotischen Stilrichtung erbaut. Architekt war der bekannte Baumeister Conrad Wilhelm Hase, der in seinem Wirken die norddeutsche Backsteingotik zu beleben suchte. Zum Zeitpunkt des Baues hatte das Königreich Hannover – von Preußen annektiert – aufgehört zu bestehen, und Otto von Bismarck hatte das Deutsche Reich geschaffen.

Von 1885 bis 1887 wurde das Schloss Etelsen unter der Leitung des Architekten Karl Hantelmann im Auftrag der Gebrüder von Heimbruch erbaut. Der Erbe der Heimbruchs, der dänische Graf Christian von Reventlow beauftragte den Gartenkünstler Friedrich Kreiß den Park umzugestalten. Friedrich Kreiß hatte zu dieser Zeit das Amt des „herzoglichen Promenadeninspektors“ in Braunschweig inne und gehörte zu den bedeutendsten Gartenkünstlern in Niedersachsen. Durch die Unterstützung des Landkreises Verden und der Gemeinde Flecken Langwedel ist der Verein heute in der Lage, die Erhaltung der über 10 Hektar großen Anlage langfristig zu sichern. Bei der Beschäftigung mit alten Luftbildern und mit den Plänen des Gartenkünstlers Friedrich Kreiß zeigte sich, dass viele Wege heute noch vollkommen anders verlaufen als nach der Fertigstellung der Anlage. Da jedoch der ursprüngliche Entwurf von 1899 von großer künstlerischer und gestalterischer Qualität ist, hat der Verein 2003 beschlossen, in vier Bauabschnitten die frühere Gestaltung wieder herzustellen; das gilt besonders für den historischen Rosengarten und die Wegeführungen. Im Schloss und Schlosspark ist immer was los! Sommerkonzerte, Ausstellungen, Theatervorführungen, Lesungen, Gesangsdarbietungen oder das große Schlossparkfestival, das sich großer Beliebtheit erfreut. Für die Besucher aus der Region soll der Schlosspark aber auch weiterhin ein Ort der Ruhe, Besinnlichkeit und Erholung sein. Wer sich noch weiter in Etelsen umschauen möchte, der sollte der Windmühle „Jan Wind" einen Besuch abstatten. Die Windmühle „Jan Wind" wurde 1871 erbaut und mit großem Engagement des Dorfvereins in Etelsen und der Unterstützung der Stiftung der Kreissparkasse Verden wieder in Stand gesetzt. Bei der Mühle handelt es sich um einen Galerieholländer, der bis zur Kappe gemauert wurde. Die Inneneinrichtung ist nicht mehr vorhanden. 1994 wurde eine neue Kappe mit Windrose und Flügel errichtet. Wer aber trotzdem sehen möchte, wie ein Müller früher gearbeitet hat, dem sei der alljährlich stattfindende Mühlentag am Pfingstmontag empfohlen. Dann gibt es in der Mühle „Jan Wind" Vorführungen, allerdings werden die historischen Mahlgänge heute für den Besucher mit Motorantrieb vorgenommen. Obendrein gibt es im zweiten Stock der Mühle eine Ausstellung mit alten Bauerngerätschaften.

S. 38: Die Windmühle „Jan Wind" wurde 1871 erbaut und mit großem Engagement des Dorfvereins in Etelsen und der Unterstützung der Stiftung der Kreissparkasse Verden wieder in Stand gesetzt.

P. 38: The windmill „Jan Wind" was built in 1871 and later restored, with great dedication on the part of the village association in Etelsen and the support of the district savings bank foundation.

S. 39 oben: Am Mühlentag gibt es in der Etelser Mühle Mahlvorführungen, die Groß und Klein begeistern.

P. 39 above: The milling demonstrations on „Mill Day" in the Etelser mill are observed with excitement by great and small.

S. 39 unten: Spielmannszug auf dem Langwedler Markt. Das Volksfest verwandelt den Ortskern stets in eine bunte Marktmeile.

P. 39 below: Brass band at the Langwedler market. The public festival always transforms the downtown into a colourful market mile.

S. 40: Beim Gartenkulturfestival im Park des Schloss Etelsen gibt es neben dem Prachtbau auch noch kleine Kunstwerke für den heimischen Garten zu bewundern.

P. 40: At the garden culture festival in the park of Etelsen castle you can admire small works of art for your garden at home, as well as the magnificent building itself.

S. 41 oben: Das Schloss Etelsen wurde 1886 im Renaissancestil erbaut und dient heute als Seminarstätte und kultureller Treffpunkt für Ausstellungen und Konzerte.

P. 41 above: Etelsen castle was built in 1886 in the Renaissance style. Today it serves as a location for seminars and a cultural meeting place for exhibitions and concerts.

S. 41 unten: Das Mausoleum im Etelser Schlosspark. Hier finden regelmäßig Kunstausstellungen statt.

P. 41 below: The mausoleum in the Etelsen castle park. Art exhibitions take place here regularly.

S. 42 oben und unten: Das Etelser Schloss ist nicht nur als ganzes Bauwerk beeindruckend, sondern auch im Detail ein Gesamtkunstwerk. Das Niedersachsenross ziert den Brunnen vor dem Schloss, die Engel den First.

P. 42 above and below: Etelsen castle is not only impressive as a whole but its details are a synthesis of the arts. A low Saxon horse adorns the fountain in front of the castle, angels its roof ridge.

S. 43: Die Bronzefigurengruppe vor dem Langwedeler Rathaus zeugt von der Bedeutung des Ortes an der alten Heer- und Handelsstraße. Hier machten die zum Teil von weit her angereisten Händler Station und gaben ihren Pferden am Dorfbrunnen Wasser zu trinken.

P. 43: The group of bronze figures in front of Langwedeler Town Hall shows the town's importance along the old military and trade route. Here the traders, some from far away, stopped and let their horses drink at the village well.

S. 44: Der Kirchhof war schon in heidnischer Zeit eine Begräbnisstätte.

P. 44: This churchyard was already a burial site in heathen times.

S. 45 oben: Blick in die weite Aller- und Wesermarsch bei Daverden.

P. 45 above: A view over the Aller and Weser marshes at Daverden.

S. 45 unten: Die Daverdener Kirche mit den uralten Grabsteinen. Die Kirche dürfte in ihrem ältesten Teil noch vor 1222 gebaut worden sein. Das Kirchenschiff datiert man auf das späte Mittelalter, während die Anbauten Ende des 19. Jahrhunderts entstanden.

P. 45 below: The Daverden church with its ancient gravestones. The church's oldest part is supposed to have been built before 1222. The nave dates back to the late Middle Ages, while the extensions were added at the end of the 19th century.

Von der Thänhuser Löwenspur und dem türkischen Halbmond

Die Samtgemeinde Thedinghausen blickt auf eine lange Geschichte zurück

Wer auf der Thänhuser Löwenspur unterwegs ist, der befindet sich nicht etwa auf einer Safari in der afrikanischen Savanne, sondern im schönen Norddeutschland oder noch genauer – mitten im Landkreis Verden. Die Thänhuser Löwenspur ist nichts anderes als ein zwölf Stationen umfassender Rundkurs in Thedinghausen, in der die Besucher Wissenswertes über die Gemeinde erfahren können. Rund drei Kilometer ist die Löwenspur, die nach dem Braunschweiger Löwen benannt wurde, lang. Nach gut einer Stunde Rundfahrt hat der Besucher einen umfassenden Überblick über die Sehenswürdigkeiten des Ortes.

Der Hinweis auf das Braunschweiger Wahrzeichen, den Löwen, macht es schon deutlich. Die Samtgemeinde Thedinghausen, in der heute rund 15 000 Menschen leben, hat eine wechselvolle Geschichte; Teile gehörten lange Zeit zum Fürstentum Braunschweig. Rund 850 Jahre ist Thedinghausen mindestens alt. Die beiden ältesten Kerne von Thedinghausen, Ullenstedt (heute Westerwisch) und Dettenhusen (später Bürgerei) wurden erstmals 1168 und 1250 urkundlich erwähnt. Das Dorf Werder fand erstmals 1138 Erwähnung, Dibbersen 1168, Eißel 1193, Lunsen, Holtorf und Horstedt 1250, Oenigstedt 1257 und Donnerstedt 1534. Zur Samtgemeinde gehören neben dem Hauptort Thedinghausen noch die Gemeinden Blender, Emtinghausen, und Riede.

S. 46: Der Halbmond auf dem Thedinghauser Rathaus.

P. 46: A half-moon on Thedinghausen Town Hall.

Der Bau einer Burg in Thedinghausen wurde 1285 durch die Erzbischöfe vollendet. Sie sollte das Bremer Territorium und die Handelswege gegen die Grafen von Hoya schützen. Im Laufe der Zeit kam es daher zu zahlreichen Fehden um den Besitz der Burg, bis sie im 16. Jahrhundert aus strategischen Gesichtspunkten ihre Bedeutung verlor und verfiel. Im Schutz der Burg siedelten sich im Mittelalter Handwerker und Kaufleute an und machten Thedinghausen bereits zu dieser Zeit zu einem zentralen Ort, berichten die Geschichtschronisten.

Gegen Ende des Dreißigjährigen Krieges wurde das Amt Thedinghausen besetzt. Durch einen in Celle geschlossenen Friedensvertrag zwischen Frankreich und Schweden einerseits und den Welfenfürsten andererseits trat Schweden das Amt 1679 an die Braunschweiger/Lüneburger Herzöge ab, die den oben bereits erwähnten Löwen in ihrem Wappen tragen. Im

Jahre 1681 wurde das Amt Thedinghausen geteilt, so dass die Lüneburger Herzöge die Vogtei Dörverden und den östlichen Teil des Amtes erhielten und die Braunschweiger den westlichen Teil des Amtes und die Gemeinde Werder.

1807 verleibte Napoleon den gesamten braunschweigischen Besitz dem neugegründeten Westfalen ein. Damit wurde auch das Amt Thedinghausen westfälisch. 1810 wurde Thedinghausen ein Teil des Kaiserreiches Frankreich. Nach russischer Besetzung nahm Herzog Friedrich Wilhelm das Amt Thedinghausen zur Oberhauptmannschaft Stadtoldendorf, dann zum Kreis Holzminden und ab 1850 war es dem Kreis Braunschweig angegliedert. Die Dörfer Bürgerei, Hagen und Westerwisch wurden 1909 zu einer Gemeinde Thedinghausen zusammengeschlossen.

Heute bietet der Ort, der zwischen Syke und Verden liegt, vielfältige Sehenswürdigkeiten, die an die lange wechselvolle Geschichte erinnern.

Ganz vorne an steht dabei der Erbhof Thedinghausen, ein alter Herrensitz der Weserrenaissance aus dem Jahre 1620. Der Erbhof zählt zu den herausragenden Sehenswürdigkeiten in Norddeutschland. Den heute oft als Schloss bezeichneten Erbhof ließ der evangelische Erzbischof Johann Friedrich von Bremen in den Jahren 1619/20 für seine Geliebte, die junge Witwe des erzbischöflichen Drosten von Hermeling, Gertrud von Hermeling-Heimbruch errichten. Das prächtige Bauwerk im Stil der ausklingenden Weserrenaissance ist ein Bau aus roten Ziegelsteinen mit weißen Mörtelfugen. In den Zierformen ist er mit gelbem Sandstein ausgeschmückt. Fenster, Türbogen, Turmgiebel und Ziersäulen sind kunstvoll gestaltet.

Seit 1999 ist die Samtgemeinde Thedinghausen Eigentümerin des Erbhofes in der Braunschweiger Straße 1. Das gesamte Gebäudeensemble steht unter Denkmalschutz, was aber nicht heißen soll, dass hier

Der Erbhof Thedinghausen, ein alter Herrensitz der Weserrenaissance aus dem Jahre 1620. Der Erbhof zählt zu den herausragenden Sehenswürdigkeiten im Landkreis Verden.

The ancestral estate of Thedinghausen, an old manor house of the Weser Renaissance style from the year 1620. The estate is one of the marvellous sights in the district of Verden.

alles vor Ehrfurcht erstarrt. Im Gegenteil. Gelände und Erbhof können besichtigt werden und obendrein gibt es hier zahlreiche Aktivitäten, wie beispielsweise das Erbhoffestival mit hochkarätig besetzten Kulturveranstaltungen.

Gleich nebenan ist der neue Baumpark angesiedelt. Vom früheren langjährigen Thedinghauser Bürgermeister Hans Schröder sind 335 Arten und Sorten aus 53 Baumgattungen gepflanzt worden. Hier kann man sich nicht nur über die vielen norddeutschen Baumarten informieren, sondern auch in idyllischer Umgebung standesamtlich trauen lassen. Sehenswert auch das alte Amtsgericht. Der Straßenname „Am Burgplatz" deutet heute noch darauf hin, dass hier zwischen den beiden Flussläufen der alten und neuen Eyter auf einer Wurt im Jahre 1285 die Wasserburg Thedinghausen lag, die vom Bremer Erzbischof Gieselbert zum Schutz des Erzbistums Bremen gegen die starken Grafen von Hoya errichtet worden war. Die Burg hatte ein wechselvolles Schicksal und wurde immer wieder umkämpft oder verpfändet. Die letzten Kämpfe um die Burg fanden im Juli 1654 statt, als zunächst eine bremische Abteilung von 1 000 Mann das von Schweden besetzte Schloss Thedinghausen eroberte. Heute werden die Räumlichkeiten des ehemaligen Amtsgerichtes ganz weltlich von der Jugend Thedinghausens genutzt. Hier ist das Jugendzentrum angesiedelt. Auf dem Gelände befinden sich weiter der Kindergarten und Sportplatz.

Einen Ausflug wert ist auch das Gelände rund um das Thedinghauser Rathaus. Der Rathausplatz mit seinem Gebäudeensemble aus Rathaus, Packhaus, Scheune und achteckigem Taubenturm hat eine große Vergangenheit. Als 1972 die Samtgemeinde Thedinghausen entstand, genügte das alte Rathaus nicht mehr. 1973 wurde die sogenannte „Poggenburg" erworben und zum neuen Rathaus umgebaut. Die Poggenburg (=Krötenburg) ist nie eine Burg gewesen, sondern war ursprünglich ein mit Wehranlagen versehener Burgmannssitz. Die Poggenburg wurde Ende des 13. Jahrhunderts im Zuge der Errichtung der Burg Thedinghausen durch den Erzbischof Gieselbert von Bremen als einer der 12 Burgmannssitze errichtet. Auf die vielen Amtmänner, die hier residierten, folgte ein Landwirt. Als der Hof stark verschuldet war, kaufte der vermögende Lunsener Pastor Gudewill das Gut. Einer seiner Söhne errichtete dort ein Handelshaus, das fast fünf Jahrzehnte beachtliche Ausstrahlung besaß. Dieser Gudewill war um 1800 der reichste Mann in Thedinghausen. 1796 wurde das Packhaus erbaut und 1811 das Herrenhaus, das heute als Rathaus dient. Damals wurde überwiegend mit Leinen, Kaffee, Tabak, Gewürzen und allen Gegenständen des handwerklichen und landwirtschaftlichen Bedarfs gehandelt. Auf 48 Seiten eines erhaltenen Registers werden 1248 Warenposten aufgeführt.

Mitte des 19. Jahrhunderts (1850 bis 1882) wurde rund 30 Jahre lang eine Ziegelei betrieben, die unter anderem auch Steine für den Bau der Kirchen in Thedinghausen und Lunsen lieferte. Fast 100 Jahre später, um 1980, wurde die Poggenburg von den Besitzern an die Samtgemeinde und die Gemeinde Thedinghausen verkauft.

Zum Ensemble gehört auch das Packhaus – das heutige Rathaus. 1796 wurde das Packhaus errichtet. Das große Herrenhaus wurde in der Blütezeit des Handels um 1811 gebaut. Das Gebäude enthält eine besondere

S. 51: Wonnemonat Mai: Der Raps blüht üppig auf einem Feld direkt vor Thedinghausen mit Blick auf die Maria-Magdalenen-Kirche.

P. 51: The merry month of May: The rapeseed flourishes luxuriantly in a field directly in front of Thedinghausen with a view of the Maria Magdalena church.

Sehenswürdigkeit, die man im Norden nicht so schnell vermutet. Um 1855 wurde dem Packhaus ein mit einer Uhr versehenes Glockentürmchen aufgesetzt. An der Spitze befand sich ein Halbmond. Der ehemalige Eigentümer, Dr. med. Wilhelm Grimm, hat ihn zu Ehren seiner Großmutter väterlicherseits, einer Türkin, anbringen lassen. Das Schicksal dieser Frau war sehr ungewöhnlich. Sie wurde vermutlich 1722 in der türkischen Stadt Oszakow am Schwarzen Meer geboren und wuchs dort reich und wohlbehütet auf. Im russisch-türkischen Krieg wurde die Stadt Oszakow 1738 völlig zerstört. Der auf russischer Seite als Offizier kämpfende braunschweigische Prinz Anton Ulrich suchte sich aus den Gefangenen unter anderem das hübsche Mädchen Abbas Cachiane Rhebisch als Kriegsbeute heraus und brachte sie nach Petersburg. Man fand Gefallen an dem schönen und klugen jungen Mädchen, gab ihm Unterricht in Sprachen, auch Deutsch, und der christlichen Religion. Sie wurde in Petersburg getauft und erhielt den Namen Anna Charlotte Rhebisch.

Prinz Anton Ulrich nahm die Türkin mit nach Blankenburg, um sie seiner Großmutter, der Herzogin Christine Louise, als Gesellschafterin zur Verfügung zu stellen. Anna Charlotte entzückte die Herzogin durch ihre Anmut und Schönheit und hatte bald das

Vertrauen der Herzogin gewonnen. Um die Zukunft ihrer Schutzbefohlenen sicherzustellen, begünstigte die Herzogin deren Verbindung mit dem Pastor Christian Moritz Grimm und versprach großzügige Hilfe und finanzielle Unterstützung. Unglücklicherweise starb die Herzogin jedoch einige Tage vor der Hochzeit. Damit änderte sich alles. Hofintrigen verhinderten die Auszahlung der als Aussteuer gedachten Schenkungen. Dennoch wurde in aller Stille geheiratet. Sehr arm folgte die junge Pastorenfrau ihrem Mann in den Harz nach Zorge, wo sie ein entbehrungsreiches Leben führen musste. Neun Kinder brachte Anna Charlotte zur Welt. 1766 starb sie im Alter von 44 Jahren. Ihr

S. 52/53: Im Herbst geht es mit musikalischer Begleitung mit dem Pferd auf die Fuchsjagd.

P. 52/53: In autumn: fox-hunting on horse-back, with musical accompaniment.

Enkel ist der Arzt Dr. Th. L. W. Grimm, der 1835 nach Thedinghausen kam und mit dem türkischen Halbmond auf dem Packhaus seiner Großmutter, die er nie gesehen hatte, nachträglich seine Zuneigung beweisen wollte. In den früheren Kontorräumen im Erdgeschoss befinden sich heute Ordnungs- und Sozialamt, Standesamt und Sozialstation. Weitere Sehenswürdigkeiten in der Samtgemeinde zu finden, fällt nicht schwer. Um nur einige zu nennen: Die Blender Mühle – ein Galerieholländer aus dem Jahre 1872 – oder die zahlreichen Kirchen, derer es gleich sechs in der Samtgemeinde gibt. Besonders sehenswert dabei die Kirche in Riede mit Fresko-Malereien in italienischer Technik aus dem 15. Jahrhundert und die Kirche in Lunsen, die auf eine 1 000-jährige Geschichte zurückblicken kann.

S. 54: Romantische Morgenstimmung an der Eyter bei Thedinghausen.

P. 54: Romantic morning mood at the Eyter at Thedinghausen

S. 55: Sonnenaufgang bei Thedinghausen

P. 55: Sunrise at Thedinghausen.

S. 56/57: Frachtschiff im Morgennebel auf der Weser

P. 56/57: A cargo ship in the early morning mist on the Weser.

oben: Rathaus, Packhaus, Scheune und Taubenturm in Thedinghausen. Die geschichtsträchtigen Gebäude wurden von der Gemeinde saniert und sind heute mit moderner Verwaltungstechnik ausgestattet.

above: Town Hall, Packhaus, the barn and a dove tower in Thedinghausen. These buildings, so steeped in history, were redeveloped by the municipality and are today equipped with modern technology.

mitte: Die Maria-Magdalena-Kirche in Thedinghausen

middle: The Maria Magdalena church in Thedinghausen

unten: Der achteckige Taubenturm auf dem Rathausvorplatz mit Blick auf die Thedinghauser Kirche.

below: The octagonal dove tower on the Town Hall's forecourt with a view of Thedinghausen church.

Das größte Volksfest in Thedinghausen: Der Thänhuser Markt zieht alljährlich Besucher aus der gesamten Region an.

The greatest public festival in Thedinghausen: The Thänhuser Market annually attracts visitors from the entire region.

oben: Die restaurierte Windmühle in Blender wurde 1872 erbaut. Der Galerieholländer gilt als Wahrzeichen der Gemeinde.

above: The restored windmill in Blender was built in 1872. The gallery dutchman is regarded as an emblem of the municipality.

unten: Blick auf die Gemeinde Lunsen mit der prächtigen St. Cosmas und Damiankirche. Schon seit 977 verfügt die Gemeinde über eine eigene Kirche.

below: A view of Lunsen with the splendid St. Cosmae and St. Damian Church. The municipality has had a church of its own since 977.

Zehn Ortschaften gehören zur Gemeinde Dörverden

Abwechslungsreiche Einblicke in die Marsch, Geest und Wälder

Alte Dorfkerne mit stattlichen Höfen, sorgfältig restaurierte Windmühlen in Dörverden und Westen, historische Gebäude wie das Amtshaus in Westen und die Schafställe in Hülsen – die Gemeinde Dörverden lockt nicht mit den großen Sehenswürdigkeiten, sondern eher mit ihrer ländlichen Kultur die Besucher an. Zehn kleine und große Ortschaften im Aller-Weser-Dreieck bilden südlich der Stadt Verden (Aller) die Gemeinde Dörverden. Wer hier mit dem Fahrrad unterwegs ist, dem bieten sich abwechslungsreiche Einblicke in Flussauen, in Marsch, Geest und Wälder. Wie stark die Lage am Fluss das Leben im Dorf bestimmte, macht eine Zahl aus dem Jahre 1902 deutlich. In diesem Jahr wurden hier noch 2 000 Pfund Lachse gefangen, 1903 fischte ein Angler einen 235 Pfund starken Stör aus der Weser. Doch das ist lange her, von dem Fischreichtum früherer Tage kann heute nicht mehr die Rede sein, obwohl sich die Fischbestände an Aller und Weser in den vergangenen Jahren stetig verbessert haben.

Die Gemeinde Dörverden als Ganzes zu beschreiben, ist nicht einfach: Zwar ist das unzweifelhafte Zentrum Dörverden, aber zur Gemeinde gehören auch so kleine Ortschaften wie Ahnebergen, Barme und Barnstedt, Diensthop, Hülsen und Stedebergen, Wahnebergen und Westen. Insgesamt leben in der Gemeinde zurzeit rund 9 500 Einwohner. Dort, wo heute in der Gemeinde Dörverden stattliche Bauernhäuser oder moderne Einfamilienhäuser stehen, lebten schon unsere Ur-Ur-Ahnen. Kein Wunder, dass sich hier die Archäologen tummeln und über prächtige Funde freuen können. Die frühe Besiedlung des Gebietes ist durch noch zahlreich vorhandene Hügelgräber (angelegt etwa in der Zeit von 2000 v. Chr. bis 1400 v. Chr.) nachgewiesen. In den Jahren 1956-1958 vorgenommene wissenschaftliche Ausgrabungen in einer Weserranddüne an der B 215/Einmündung des Barmer Weges führten zu dem Ergebnis, dass der dort gefundene Friedhof offensichtlich seit der frühesten Eisenzeit (etwa 800 v. Chr.) bis zum 10. Jh. n. Chr. belegt worden ist. Grabungen am Gemarkungsrand Westen/Hülsen (1989) weisen auf einen Siedlungsbeginn um Christi Geburt hin. Mehrere Hügelgräber befinden sich in der Gemarkung Diensthop links und rechts der heutigen Eisenbahnstrecke. Einzelne wurden in den Gemarkungen Barme, Dörverden sowie um Diensthop herum gefunden.

Erstmals urkundlich erwähnt wurde Dörverden im Jahre 1059/1060. Aus dem späten Mittelalter gibt es Dokumente, die vom Kampf mit dem Hochwasser und ersten Deichbaumaßnahmen berichten. Der heutige Gemeindebereich hatte schon zu alter Zeit Bedeutung durch die hier von Norden nach Süden führende „Heerstraße durch die große Marsch". Auf dieser Straße zogen die Franken gen Verden, wanderten Pilger nach Süden, tummelte sich in unruhigen Zeiten viel Kriegsvolk.

Auch die Snedensteine (Grenzsteine; im Volksmund in Verkennung ihrer ursprünglichen Bedeutung meist „Schwedensteine“ genannt) künden in dem Diensthoper Forst, bei Westen und in Hülsen von der geschichtlichen Vergangenheit. 1679 zog der erste Amtmann in den Gutshof in Westen ein. Seine Machtbefugnisse waren groß. Er war zuständig für den Vollzug der herzöglichen Verordnungen, die polizeilichen Ermittlungen, die Rechtsprechung und den Strafvollzug, er zog Steuern ein, entschied über die Vergabe von Höfen, besaß ein Mitspracherecht in Kirchen- und Schulangelegenheiten. Seine Einkünfte bezog er aus dem Wirtschaftsbetrieb des Gutes, dessen Ländereien in Westen, teilweise in Hönisch, Dörverden und Hülsen lagen. 1681 baute er ein Brauhaus, das besonders hohe Einkünfte abwarf, weil es eine Monopolstellung einnahm. Der Amtsmannsitz hatte großen Einfluß auf die wirtschaftliche Entwicklung und das soziale Gepräge des Dorfes Westen.

1859 wurden Amt und seit 1852 bestehendes Amtsgericht Westen aufgelöst. Die Funktionen gingen auf das Amt Verden sowie die Justizbehörden in Verden über. Die „Neuzeit“ brach an durch Planung und Bau einer Eisenbahnlinie in den Jahren 1846/47. Den bisher wichtigen Verkehrswegen, den Flüssen Weser und Aller, sowie den Landstraßen kam durch den Bau der Eisenbahn zwischen den großen Städten Bremen und Hannover nun eine andere Bedeutung zu. Zuvor hatte es schon von manchen an der Strecke liegenden Städten und Dörfern Proteste gegenüber dem „dem Lande verderblichen Unternehmen“ gegeben. Am 12. 12. 1847 war es dann aber soweit, dass der erste Dampfzug auf der Strecke fuhr. Die Eröffnung der Eisenbahn machte eine ausgedehnte Werbung der Kaufleute möglich. Die Fahrzeit zwischen Bremen und Hannover betrug damals 3 Std. 35 Min. Heute schafft ein moderner Zug die Strecke in rd. 50 Min. Mit den Zügen wurde auch die Brief- und Paketpost befördert. Große Veränderungen in der Landschaft bringt nach der Eisenbahn die Weserregulierung bei Dörverden/Stedorf. Baubeginn war 1911. Der Weserbogen (Lohofschleife) wird mit einem Kanalbau durchschnitten. Ein Stauwehr und ein Wasserkraftwerk sowie eine Schleuse werden errichtet. Ab November 1913 wurde zuerst Strom durch Dampfkraft erzeugt. Ein halbes Jahr später gingen die ersten beiden Wasserturbinen in Betrieb.

Fast zeitgleich tun sich in Hülsen starke Veränderungen auf. Am 8. Juni 1911 begannen in Hülsen die Arbeiten, einen Schacht in rd. 11 1/2 Monaten bis in die Steinsalzvorkommen abzuteufen. Bis zum Juni 1912 war man auf eine Tiefe von 630 m vorgedrungen. Auch in der Gemarkung Ahnebergen hat man begonnen, einen Schacht in den dortigen Salzstock zu treiben. Das Kaliwerk Hülsen war von 1912 bis 1924 in Betrieb. Zeitweise waren dort bis zu 650 Personen beschäftigt. Der Ahneberger Schacht ging nicht in Betrieb und das Kaliwerk Hülsen musste geschlossen werden, weil die Weltmarktsituation einen wirtschaftlichen Betrieb nicht mehr erlaubte.

Ende der Dreißiger Jahre wurde ebenfalls im Wald bei Barme eine Munitionsfabrik, die „Eibia“, errichtet. Zwischen Dörverden und Stedorf baute man als Unterkünfte für die dort Beschäftigten das sogenannte Steinlager. Hier wurden mehr als 2000 ausländische Zwangsarbeiter, darunter auch Kriegsgefangene, eingesetzt. Manche starben dabei den Kälte- oder Hungertod, andere kamen bei der gefährlichen Pulverproduktion um. Auf dem Friedhof an der Bundesstraße finden sich mehrere Gräber von Männern und Frauen aus dem westlichen und überwiegend aus dem östlichen Europa. Nach dem Krieg wurde das Steinlager mit Flüchtlingen und Heimatvertriebenen belegt. Im Bereich der Kalifabrik in Hülsen hat man ein Kreisflüchtlingslager für den Kreis Fallingbostel eingerichtet. Unter den beengten Verhältnissen und den großen Umwälzungen gab es in der Zeit kurz nach dem II. Weltkrieg viel Kriminalität, Gewalt und mehrere Morde vermerken die Heimatchronisten der Gemeinde Dörverden. Das alles normalisierte sich aber bald unter den langsam besser werdenden wirtschaftlichen Verhältnissen. Das Kreisflüchtlingslager wurde aufgelöst und für etliche Bewohner in Hülsen Wohnungen gebaut. Im Steinlager in Dörverden blieben viele Familien wohnen. Die Heimatvertriebenen integrierten sich in die Bevölkerung und wurden hier sesshaft. Viele bauten ihre Häuser. Das Eibia-Gelände in Barme kann man heute betreten. Dort finden sich immer noch viele

Das älteste Gebäude dieses Schafstallensembles kann auf das Jahr 1665 datiert werden. Neun Ställe sind erhalten. Einige der Schafställe nutzt der Kulturförderverein Hülsen.

The oldest buildings of the sheep shelter ensemble have been dated in the year 1665. It consists of nine sheep pens. Some of the pens are used by the cultural development association of Hülsen.

Das Amtshaus Westen wurde 1761/62 mitten im 7-jährigen Krieg gebaut. Heute befindet sich hier das Mehrgenerationenhaus „Amtshaus Westen".

The Amtshaus Westen was built in 1761/62, in the middle of the Seven-Years'-War. Today it is the multigenerational house " Amtshaus Westen".

Bunker, die nach dem Kriegsende von den Briten zerstört wurden. Die Siedlungstätigkeit und die gewerbliche Entwicklung nahmen einen stetigen Aufschwung. Im Barmer Wald wurde eine neue Kaserne gebaut, die 1958 von der Bundeswehr belegt wurde („Niedersachsenkaserne"). Am 1. September 2003 wird die Kaserne in Barme nach 44 Jahren der Nutzung durch die Bundeswehr geschlossen. Zwischenzeitlich waren dort bis zu 4 000 Soldaten stationiert – zuletzt nur noch rund 1 000. Eine Gebietsreform 1972 führte nach teilweise harten Verhandlungen zu einer Neubildung der Gemeinde Dörverden aus den früheren Gemeinden Barme, Barnstedt, Diensthop, Dörverden, Hülsen, Stedebergen, Wahnebergen und Westen. Der Bahnhof Dörverden wurde 1979 geschlossen und die Bahnstrecke von Wahnebergen bis Rethem 1992 stillgelegt. Mit starkem finanziellem Engagement der Gemeinde unter Beteiligung des Landes und des Landkreises Verden konnte der Bahnhof Dörverden im Jahre 2000 wieder eröffnet werden. Täglich halten hier 50 Personenzüge. Das ist ein großer Meilenstein für die weitere Entwicklung der Gemeinde, glauben die politisch Verantwortlichen. Mit dem Zug ist man heute in sechs Minuten in Verden und in 26 Minuten in Bremen. Ein Sorgenkind der Gemeinde ist nach wie vor das große Kasernengelände. Hier versucht die Gemeinde in Zusammenarbeit mit dem Landkreis eine Nachnutzung zu erreichen. Dafür wurde eigens eine Entwicklungsgesellschaft gegründet.

S. 64 oben: Das Amtshaus Westen liegt ebenso wie die benachbarte St. Annen-Kirche direkt an der Aller. Fahrradfahrer und Spaziergänger können hier per Fähre die Flussseite wechseln.

P. 64 above: Amt Westen lies directly at the Aller, just like the neighbouring St. Annen church. Cyclists and strollers can cross the river by ferry here.

S. 64 unten: Die Kirchstraße in Dörverden mit Blick auf die St. Cosmae- und St. Damian-Kirche

P. 64 below: Kirchstraße in Dörverden with a view of the St. Cosmae and St. Damian church.

S. 65: St. Cosmae- und St. Damian-Kirche heißt die eine Kirche der Kirchengemeinde Dörverden. Sie steht schon seit der Mitte des 13. Jahrhunderts in Dörverden und wird ergänzt durch das Gemeindehaus und das Pfarrhaus in der Nähe.

P. 65: St. Cosmae and St. Damian Church is the name of one church in the parish of Dörverden. It has stood in Dörverden since the middle of the 13th century and is completed by the parish hall and the vicarage nearby.

S. 66: Storchennest auf bizarrem Baumstumpf bei Dörverden.

P. 66: Stork's nest on a bizarre tree stump at Dörverden.

S. 67 oben: Der Schiffsanleger Dörverden mit Blick auf die alte Furt.

P. 67 above: The ship dock Dörverden with a view of the old ford.

S. 67 unten: Die Mühle in Dörverden, deren Flügel zurzeit restauriert werden. Vermutlich seit 1148 ist die Gemeinde Mühlenstandort.

P. 67 below: The mill in Dörverden whose blades are currently being restored. The municipality has had a mill since 1148.

Vom Amtshaus Westen aus setzt die solarbetriebene Fähre Marie Hoffmann II. über die Aller und landet in Otersen an, das zur Gemeinde Kirchlinteln gehört.

From Amt Westen the solar-operated ferry „Marie Hoffmann II.“ crosses the Aller and lands in Otersen which is part of the municipality of Kirchlinteln.

Sanfte Geesthügel und alte Bauernhäuser

17 Ortschaften in einer abwechslungsreichen Landschaft

Mit innovativen Konzepten für alternativen Tourismus und vielen neuen Projekten für die Nutzung der Vorzüge der Region hat Kirchlinteln bereits einen Europapreis gewonnen. Der steht für einen traditionsreichen Ort, der mit dem Rübenmarkt und einer Museumsbahn auch überregional bekannt ist.

Wälder bis an den Dorfrand, viele alte Bäume im Dorfbild, die besonders auf alten Hofstellen zu sehen sind, prägen das Ortsbild in Kirchlinteln. Die Gemeinde Kirchlinteln mit ihren 17 kleineren Ortschaften liegt somit in einer abwechslungsreichen Landschaft am südwestlichen Rande der Lüneburger Heide. Wer sanfte Geesthügel und ruhige Bachtäler, das Grün der Wälder und die weite Niederung der Aller mag, der ist hier genau richtig. Kleine Heide- und Moorflächen inmitten einer bäuerlich geprägten Region lassen ein abwechslungsreiches Landschaftsmosaik entstehen. Das wissen auch immer mehr Touristen zu schätzen, die der Gemeinde einen Besuch abstatten. Nicht nur die Stadt Achim, sondern auch Kirchlinteln nimmt dabei für sich in Anspruch, Schauplatz des Märchens der Bremer Stadtmusikanten zu sein. Hier wurde 2008 ein Fahrradweg eingeweiht, der die Schauplätze des Märchens zum Thema hat. Die gemütliche Radtour führt von Kirchlinteln zu historischen Plätzen durch die Allermarsch. Den Start legten die Tourenleiter nach Stellichte. Genauer gesagt zur Obermühle. Bei der Mühle könnte der Esel Grauschimmel gelebt und gearbeitet haben. Doch irgendwann wurde ihm das Schleppen der Mehlsäcke zu schwer und er zog aus, die Freiheit zu suchen. Sein Ziel: Bremen. Schließlich hatte er Reisende sagen hören: „Stadtluft macht frei...". Von dort führt der Weg zum Königshof der Familie Lackmann. Auf dem um das Jahr 800 gegründeten Anwesen residierten einst die Könige, wenn sie übers Land reisten. Dass Packan aus Altersgründen dort seine Arbeit als Jagdhund nicht mehr erledigen konnte und deshalb mit dem Esel Reißaus nahm, erzählt das Märchen. Radfahrer können auf dem Weg über Otersen nach Verdenermoor fahren. Auf dem dortigen Krusenhof sollen die Menschen damals wie überall im Moor unter einer Mäuseplage gelitten haben. Und wenn die Katzen ihr Pensum von fünf gefangenen Mäusen pro Tag nicht mehr schafften, so die Brüder Grimm, wurden sie in einem der Moorgräben ersäuft. Zeit für Bartputzer, der Heimat lebewohl zu sagen und mit den beiden Vagabunden zu ziehen. An Neuenförde vorbei führt der Stadtmusikanten-Radweg zum Heidehof in Ramelsen, einem Ortsteil von Kirchlinteln. Seinerzeit hatte sich dort hochherrschaftlicher Besuch angekündigt, für den ein entsprechendes Festessen organisiert werden musste. Für den Hahn Rotschopf sollte das letzte Stündlein schlagen. Doch statt in den Topf zog es ihn in die Fremde, und er vervollständigte das Quartett. Auf dem alten Handelsweg marschierten Grauschimmel, Packan, Bartputzer und Rotschopf durch die Kirchlintelner Hügelgräberheide. Der Radwanderweg geht am heutigen Waldspielplatz vorbei über Kirchlinteln nach Horst, der Endstation der Tierwanderung. Ob dort damals tatsächlich Räuber gehaust haben, die die Frachtfuhrwerke der Bremer Kaufleute überfielen, ist nicht überliefert.

Unabhängig von den Stadtmusikanten gehen die meisten Ortschaften in Kirchlinteln dabei auf Ansiedlungen aus dem Mittelalter zurück. Im Rahmen einer Verwaltungsreform wurden in den Siebziger Jahren insgesamt 17 Gemeinden im östlichen Landkreis Verden zur Einheitsgemeinde Kirchlinteln zusammengelegt. Namensgebend war die größte Ortschaft Kirchlinteln, in der auch die wichtigsten Verwaltungsstellen ihren Sitz haben. Vor allem in jüngster Zeit gewann Kirchlinteln durch seine verkehrsgünstige Lage an der Autobahn 27 und der damit verbundenen kurzen Fahrzeit nach Bremen und Hannover viele Neubürger, die im ländlichen Bereich wohnen wollen, andererseits jedoch auf kurze Pendelzeiten zu den benachbarten Großstädten Wert legen. Viele Ortschaften in der Gemeinde haben sich dabei den unverwechselbaren Charme alter Bauerndörfer erhalten. Zentraler Ort der Gemeinde ist der 2 500 Einwohner-Ort Kirchlinteln, der gleichzeitig Sitz der Gemeindeverwaltung ist und auch ansonsten alle notwendigen Einrichtungen beheimatet. Außerdem ist Kirchlinteln Preisträger – und das sogar auf europäischer Ebene. Die Gemeinde Kirchlinteln wurde im Jahr 2000 mit dem Europäischen Dorferneuerungspreis der ARGE Landentwicklung und Dorferneuerung ausgezeichnet. Der Preis wurde zuerkannt für die Planung und Entwicklung in der Dorf-Region Lintelner Geest, die fünf Ortschaften der Gemeinde und den dazugehörigen

S. 70: Das Golddorf Otersen. Die Gemeinde wurde Landessieger in dem Wettbewerb „Unser Dorf hat Zukunft".

P. 70: The gold village of Otersen. The municipality became state champion in the competition „Our Village has a Future".

Landschaftsraum im Osten des Landkreises Verden umfasst. „Kirchlinteln ist ein umfassendes Beispiel für eine ganzheitliche und nachhaltige Dorf- und Regionalentwicklung von herausragender Qualität mit besonders bemerkenswertem sozialen Schwerpunkt und soliden regionalen Wertschöpfungen vor dem Hintergrund eines regionalen Verbundes" ,urteilte damals die Jury. Das Tourismusprojekt für Behinderte inmitten der fünf Dörfer signalisiert besondere Vision und Courage, meinten die Fachleute. Damit erfüllte die Lintelner Geest die Ausschreibungsbedingungen für den Europäischen Dorferneuerungspreis 2000 hervorragend und bekam den Preis zuerkannt.

Alle 17 Ortschaften hier vorzustellen, würde den Rahmen des Buches sprengen. Exemplarisch deshalb nur zwei Beispiele: Die 500 Einwohner zählende Ortschaft Otersen wird geprägt durch die Aller, die sieben Seen und die denkmalgeschützten Hofanlagen mit zahlreichen gut erhaltenen Fachwerkgebäuden und 34 Baudenkmalen auf 15 Höfen. Über die Kreisgrenzen hinaus bekannt ist Otersen durch das große Frühlingsfest, die Solar-Allerfähre Otersen-Westen und den Dorfladen. Die zweitkleinste Fähre Deutschlands wurde 1999 mit dem Deutschen Solarpreis ausgezeichnet und hat seit 1997 über 60 000 Fährgäste sicher und umweltfreundlich über die Aller befördert. Betrieben wird die Allerfähre „mit der Kraft der Sonne und des Ehrenamtes" von über 60 Fährleuten, die ihren Dienst unentgeltlich versehen. 2005 startete Otersen mit 3 924 anderen Dörfern bundesweit in den Dorfwettbewerb „Unser Dorf hat Zukunft". Als Niedersächsischer Landessieger qualifizierte sich Otersen für den 22. Bundeswettbewerb und wurde 2007 mit „Gold" und dem Titel „Bundesgolddorf" ausgezeichnet.

Die Ortschaft Schafwinkel besteht aus den Ortsteilen Schafwinkel und Odeweg. Den Namen soll Schafwinkel von Fuhrleuten erhalten haben. Hier, wo früher ein Schafstall stand, machte der Weg eine Biegung – also der Winkel am Schafstall. Durch den Strukturwandel bedingt existiert heute kein landwirtschaftlicher Betrieb mehr. Jedoch sind Umnutzungen in den Gebäuden entstanden, die viele Gäste anlocken. Hier gibt es Übernachtungs-, Tagungs- und Feiermöglichkeiten, eine Behinderteneinrichtung für Erwachsene, die in zahlreichen Werkstätten beschäftigt sind, und eine Heilpflanzen-Schule mit integrierten Heilpflanzengarten. In der früheren Molkerei arbeiten heute Kleinstunternehmer und Künstler in ihren Ateliers.

Die ehemalige Bedeutung der Eisenbahn mit Bahnhof für die Verbindung Bremen-Berlin hat durch den Krieg bedingt abrupt abgenommen. Der Bahnhof ist demontiert. Heute ist der Bau einer Hochgeschwindigkeitstrasse, die sogenannte Y-Trasse, im Gespräch.

S. 71 und S. 72/73: Die Anerkennung gab es nicht zuletzt durch die gut erhaltenen Bauernhäuser in Otersen, die rechts und links die Hauptstraße säumen.

P. 71 and P. 72/73: The prize was not least for the well-kept farmhouses in Otersen which line the main street on the right and on the left.

S. 71 unten: Die Aller mit Blick auf das Amt Westen im Gegenlicht.

P. 71 below: The Aller with a view of Amt Westen in the back-light.

S. 74: Südlich von Kirchlinteln liegt ein großes Heidegebiet mit Hügelgräbern. Die Hügelgräber wurden in prähistorischer Zeit an Fernwegen angelegt.

P. 74: South of Kirchlinteln there is a large heath area with cairns. These cairns were laid out on main routes in prehistoric times.

S. 75: Weiter Himmel und Wälder bis an den Dorfrand sowie viele alte Bäume – das zeichnet die Landschaft rund um Kirchlinteln aus. Der Ort erfreut sich wegen seiner ursprünglichen Landschaft bei immer mehr Touristen, die die Umgebung per Rad oder zu Fuß erkunden

P. 75: Wide skies and woods to the edge of the village as well as many old trees - this is characteristic of the landscape around Kirchlinteln. Thanks to this natural landscape, the village gains more and more tourists who explore the surroundings by bike or on foot.

1848

S. 77: Die St. Petri-Kirche inmitten des alten Dorfkerns von Kirchlinteln. Ihr Turm stammt aus der Zeit um 1200.

P. 77: St. Petri Church in the middle of the old village centre of Kirchlinteln. Its tower dates back to the time around 1200.

S. 76: Die Galerie-Holländer-Windmühle „Schmomühle“. Schon im Jahre 1663 wird eine alte Wassermühle am Schmobach erwähnt. Diese Mühle wurde allerdings erst 1845 gebaut und 1993 wieder restauriert.

P. 76: The gallery dutchman windmill „Schmomühle“. An old water-mill at the Schmobach stream is mentioned as far back as 1663. This mill was built in 1845 and restored again in 1993.

S. 78: Ein Naturdenkmal allerersten Ranges: Die Eichenallee von Kirchlinteln nach Kükenmoor.

P. 78: A natural monument of the very finest: The oak avenue from Kirchlinteln to Kükenmoor.

S. 79: Der schmucke, restaurierte Glockenturm in Neddenaverbergen.

P. 79: The prettily restored bell tower in Neddenaverbergen.

GLOCKENTURM

S. 80: Die Wälder rund um Kirchlinteln laden zu ausgiebigen Spaziergängen ein.

P. 80: The woods around Kirchlinteln invite one to undertake long walks.

S. 81: Ehemalige Gaststätte im Fachwerkstil in Kirchlinteln.

P. 81: A former restaurant in the half-timbered style in Kirchlinteln.

Die Obernstraße in Achim im Jahre 1920: Autos waren damals noch Fehlanzeige.

Obernstraße in Achim in 1920. At that time, there were no cars.

Märchenstadt und Honigkuchen

Der Wochenmarkt als Treffpunkt zum Klönschnack und zum Einkaufen

Die berühmten Bremer Stadtmusikanten sind eigentlich „Achimer“ gewesen. Na klar, denkt sich da jeder. Diesen weltweiten Ruhm der Stadtmusikanten möchte jeder Ort rund um Bremen für sich beanspruchen. In Achim ist die Geschichte aber wahr. So wahr wie jedes Märchen eben. Auf jeden Fall aber überliefert – und das im schönsten Plattdeutsch. „De Achimer wöörn froh, dat de Sladot verjaagt wöörn un hefft dorvör de Stadtmuskanten een Denkmaal sett. Ji weet nich wo? Denn mööt ji in de Obernstraaten visavi von dat Amtsgericht den Giebel von de Honnigkokenfabrik ankieken. Dor könnt ji Hund, Katt un Hahn sehn“, schreibt der Heimatverein. Für Nichtplattdeutsche: Die Achimer waren froh, dass die Räuber vertrieben wurden und haben dafür den Stadtmusikanten ein Denkmal gesetzt. In der Obernstraße gegenüber vom Amtsgericht – auf dem Giebel der Honigkuchenfabrik. Dort kann man Hund, Katze und Hahn sehen. Warum das Abbild des Esels auf dem Giebel der Honigkuchenfabrik fehlt? Tja, ist halt ein Märchen.

Kein Märchen dagegen ist die überlieferte Stadtgeschichte: Denn alt ist die Stadt Achim auf jeden Fall. Ihre erste urkundliche Erwähnung findet sie im Jahre 1091 – als Verhandlungsort in einem Streit zwischen dem Bremer Erzbischof und einem Hoyaer Adeligen. 1257 wird zum ersten Mal die Kirche erwähnt. Was aber nicht viel heißen soll. Teile des Baues könnten sogar noch älter sein, haben die Historiker herausgefunden. Das ehrwürdige Gotteshaus ist auch fast das einzige Gebäude, das 1573 den großen Stadtbrand übersteht. Der Ort Achim brennt bis auf die steinerne Kirche und wenige andere Häuser ab.

Hohen Besuch erhalten die Achimer während des Dreißigjährigen Krieges. Kein Geringerer als der König Christian von Dänemark kommt 1626 in den Ort und speist hier gepflegt ein königliches Mahl. In diesem Jahr gibt es auch den zweiten großen Stadtbrand. Ein explodierender Pulverwagen setzt den Ort in Brand, diesmal bleibt allein die Kirche stehen.

Seit 1644 ist Achim schwedisch besetzt und gelangt als Teil der Herzögtümer Bremen und Verden in den Besitz des Königs von Schweden. Bis dahin stand der Ort unter der Landesherrschaft des Erzbischofs. Knapp 70 Jahre später – Im Jahre 1715 folgt der Friedensschluss und durch Kauf erwirbt der Kurfürst von Hannover die Herzogtümer Bremen und Verden. Die Franzosen besetzen Achim während des Siebenjährigen Krieges und bleiben lange. 1813 gibt es ein Gefecht zwischen russischen Kosaken und französischen Truppen bei der Windmühle. Durch den Wiener Kongress wird Achim Teil des Königreichs Hannover im Jahre 1815. 1847 wird die Eisenbahn Bremen-Hannover eröffnet und die Stadt erhält einen Bahnhof. 1853 entstehen in Achim Zigarrenfabriken und dreißig Jahre später, 1885, wird aus dem Gohgericht der Kreis Achim gebildet. Durch eine Gebiets- und Verwaltungsreform im Jahre 1932 werden die alten Kreise Achim und Verden zum neuen Kreis Verden zusammengelegt. Achim verliert das Landratsamt, erhält dafür aber 17 Jahre später – im Jahre 1949 – das Stadtrecht. Durch die Gebietsreform im Jahre 1972 vergrößert sich die Stadt beträchtlich. Die Ortsteile Achim, Baden, Bierden, Bollen, Embsen, Uesen, Uphusen werden zur Stadt Achim. 1991 feiert Achim das 900-jährige Ortsjubiläum. Doch das alles ist Geschichte. Heute ist die Stadt mit rund 30 000 Einwohnern eine der wirtschaftsstärksten Städte im norddeutschen Raum. Der Wirtschaftsstandort Achim zeichnet sich aus durch eine zentrale Lage in Niedersachsen und die unmittelbare Nähe zur Freien Hansestadt Bremen. Unternehmen sind am Wirtschaftsstandort Achim zum Teil international tätig. Die direkte Anbindung an den internationalen Flughafen, den Übersee- und Containerhafen Bremen sind beste Voraussetzungen für ihre weltweiten Handelsbeziehungen. Über 1 200 erfolgreiche Unternehmen haben sich für den Standort Achim entschieden. Auf 245 Hektar Industrie- und Gewerbeflächen produzieren Achimer Unternehmer Eisen- und Stahlerzeugnisse, Maschinen- und Industrieanlagen, Nahrungs- und Genussmittel oder Umweltschutzanlagen.

Die Stadt Achim bietet aber nicht nur einen ausgedehnten Arbeitsmarkt, sondern eine gute Infrastruktur mit Kindergärten, allen Schulangeboten mit zwei Gymnasien – und ein Kulturhaus (KASCH), das überregional einen guten Ruf genießt.

Für Freizeitaktivitäten gibt es 28 Sportvereine mit rund 12 600 Mitgliedern in der Stadt. Sportzentren befinden sich in allen Ortsteilen. Hallenbad, Freibad und Wassersportmöglichkeiten auf der Weser runden das Angebot ab. Apropos Weser: Der beliebte Weserradweg läuft an der Stadt entlang und führt immer wieder Besucher in die Stadt, die hier eine kürzere oder längere Verschnaufpause auf ihrer Radtour einlegen.

Und eines tun die rund 30 000 Achimer ebenfalls sehr gerne. Sie feiern – und das ausgiebig. Kinderstadtfest, Stadtfest, Weinfest, Maimarkt, Weihnachtsmarkt, Schützen- und Erntedankfeste gehören zum Jahresprogramm. Und wer in der Woche etliche der rund 30 000 Achimer sehen will, muss dem Wochenmarkt am Mittwoch und am Sonnabend einen Besuch abstatten. Hier trifft sich „tout Achim" – zum Einkaufen, zum Gucken und zum Klönschnack unter freiem Himmel – wie der „small talk" in plattdeutsch so schön heißt.

Und Sehenswürdigkeiten aus der langen Geschichte der Stadt gibt es natürlich auch jede Menge. Als Erstes lockt die St. Laurentiuskirche die Besucher an. Das 1257 erstmals urkundlich erwähnte Feldsteingebäude ist das älteste Bauwerk der Stadt. Noch heute sind an Turm und Südwand Feldsteinreste zu finden. In der Mandelsloh- und in der Clüverkapelle befinden sich alte Grabdenkmäler sowie zwei marmorne Sarkophage einer alten Achimer Adelsfamilie. Die schon 1574 schriftlich erwähnte Uhr im Turm der Kirche wird heute zwar elektronisch gesteuert, in der Uhrkammer befindet sich aber immer noch das betriebsfähige Furtwängler-Uhrwerk aus dem Jahre 1864. Im „Lindemannschen Schloß" am alten Marktplatz ist heute die Kreismusikschule untergebracht. Auf dem großen, parkähnlichen Grundstück entstand nach den Entwürfen eines Kirchenbaumeisters 1873 ein für die dörflichen Verhältnisse Achims ungewöhnliches Gebäude. Durch einen Brand um 1900 und die Kriegswirren wurde das Anwesen verändert und bis zu seiner heutigen Gestalt wieder hergestellt. Und in der Fußgängerzone befindet sich die liebevoll erhaltene Fassade eines der ältesten Achimer Fabrikationsbetriebe, der Ende des vorletzten Jahrhunderts gegründeten Honigkuchenfabrik der Bäckermeister Marschhausen und Rieke, auf der auch die bereits erwähnten Bremer Stadtmusikanten verewigt wurden (ohne den Esel).

An die lange Tradition der Zigarrenmacher erinnert das Denkmal in der Fußgängerzone. Durch den Anschluss an das Eisenbahnnetz 1847 gab es nicht nur eine günstige Infrastruktur, Achim gehörte auch zum Königreich Hannover, das 1854 dem „Deutschen Zollverein" beitrat. Da Bremen als traditionelle Zigarrenmacherhochburg diesem Zusammenschluss nicht angehörte, war die Produktion dort nun erheblich teurer und in Achim gedieh das Zigarrenmacherhandwerk. In dem Gebäude der ersten Zigarrenfabrik befindet sich nach Umbauten heute die Grundschule „Am Paulsberg". Das Zigarrenmacherdenkmal vor dem Rathaus erinnert an diese Zeit.

S. 84: Achim gilt als Brotstadt, weil hier mit der Firma Lieken ein großer Brothersteller ansässig ist. Rund um die Stadt finden sich wogende Getreidefelder und liefern den Grundstoff.

P. 84: Achim is regarded as a „bread town" because a big bread manufacturer, the company Lieken, is located here. Around the town there are rolling cornfields to provide the raw material.

S. 85: Hahn, Hund und Katze auf der Fassade von Riekes Honigkuchenfabrik in der Obernstraße sind für manch einen Achimer der Beleg, dass sich das Märchen von den Bremer Stadtmusikanten in Achim zugetragen hat. Keiner weiß allerdings, warum der Esel fehlt und stattdessen eine Ente die Fassade ziert.

P. 85: Rooster, dog and cat on the façade of the Riekes honeycake factory on Obernstraße. For many Achim residents this is evidence that the fairytale of the Bremen town musicians took place in Achim. However, no-one knows why the donkey is missing and why a duck adorns the façade instead.

Die Achimer St. Laurentius-Kirche. Das älteste Gebäude der Stadt wurde erstmals im Jahre 1257 in einem Brief des Bremer Erzbischofs urkundlich erwähnt.

Achim's St. Laurentius Church. The oldest building in the town was first mentioned in writing in a Bremen archbishop's letter in 1257.

Auch das Innere der Kirche ist interessant: Das älteste Stück ist der spätromanische Taufstein, der später mit einem die Schöpfungsgeschichte darstellenden Bronzedeckel versehen wurde. An der 1631 erbauten Kanzel sind die vier Evangelisten dargestellt. Der spätbarocke Altar aus dem Jahr 1750 zeigt prächtige gold- und elfenbeinfarbene Seitenvoluten.

The inside of the church is also interesting. The oldest piece is the late Romance baptismal font which was later provided with a bronze lid representing the Genesis story. The pulpit, built in 1631, shows a representation of the four Evangelists. The late Baroque altar from the year 1750 has splendid gold and ivory-coloured side scrolls.

Das Haus Hünenburg: Die 1913 gebaute Villa steht mitten in einer alten Ringwallanlage mit wunderschönem Weserblick.

Hünenburg house: The villa, built in 1913, stands in the middle of an old ring embankment complex with lovely view of the Weser.

Die Weser mit Frachtschiff bei Achim-Baden.

The Weser with a cargo ship at Achim Baden.

S. 90 oben: Hier treffen sich die Achimer zum Klönschnack und zum Einkaufen. Der Wochenmarkt – mittwochs und sonnabends – ist der Anziehungsmagnet nicht nur für viele Achimer.

P. 90 above: Here the people of Achim meet to chat and shop. The weekly market - on Wednesdays and Saturdays - is a point of attraction, not only for many residents of Achim.

S.90 unten: Das Achimer Rathaus: 1993 wurde es erbaut, auf 6 600 Quadratmetern gibt es 80 Büroräume für rund 140 Stadtangestellte. Im Foyer des lichtdurchfluteten Rathauses finden regelmäßig Kunstausstellungen statt.

P. 90 below: Achim Town Hall: It was built in 1993, on 6600 square metres there are 80 offices for about 140 municipal employees. Art exhibitions are regularly held in the foyer of the light-flooded town hall.

S. 91 oben: Die Achimer Stadtbücherei ist in dem schmucken Fachwerkbau untergebracht. Direkt davor befindet sich das Glockenspiel. Geistliche und Volkslieder werden hier gespielt und in der Adventszeit erklingen Weihnachtslieder.

S 91: above: Achim's town library is housed in the neat half-timbered building. The carillon is directly in front of it. Spiritual and folk songs are played here and Christmas carols resound during the season of Advent.

S. 91 unten: „Blauer Montag" heißt diese Skulpturengruppe vor dem Rathaus, die der Bildhauer Christian Huber schuf und die an die Zigarrenmachertradition der Stadt erinnert.

P. 91 below: „Blue Monday" is the name of this group of sculptures in front of the town hall. It was created by the sculptor Christian Huber and commemorates the town's cigar-making tradition.

S. 92: Die Achimer Holländer-Galeriemühle steht auf einer Sanddüne und wird von einem Mühlenverein erhalten. Der alte Mühlenstein erinnert an die 200 Jahre alte Tradition des Gebäudes, das heute für private Feiern gemietet werden kann.

P. 92: Achim's gallery dutchman mill stands on a sand dune and is maintained by a mill society. The old millstone recalls the building's 200 years of tradition. Today it can be rented for private celebrations.

S. 93 unten: Das Clüverhaus in Achim am oberen Ende der Großen Kirchenstraße. Urkundlich erwähnt ist diese Hofstelle derer zu Clüver 1652. Das Gebäude gehört der Stadt Achim und wurde grundlegend saniert.

P. 93 below: Clüver House in Achim at the upper end of Große Kirchenstraße. This farmstead was mentioned documentarily to Clüver in 1652. The building belongs to the city of Achim and has been fundamentally redeveloped.

Animus und Anima halten sich vor dem „Lindemannschen Schloss" am alten Marktplatz eng umschlungen. Die Skulptur von Wolf E. Schultz ist der Blickfang. Hier begann früher der alte Krammarkt, auch heute bauen hier Flohmarkthändler ihre Stände auf.

Animus and anima stand tightly entwined in front of „Lindemannsch Castle" on the old market square. This sculpture by Wolf E. Schultz is an eye-catcher. This is where the old street market used to begin, and today flea market traders build up their stands here too.

Eine schöne Tradition zum Ende der Sommerferien: Dann startet in der Achimer Fußgängerzone das Kinderstadtfest, das den kleinen Besuchern viel Vergnügen bereitet.

A beautiful tradition at the end of the summer holidays: The children's town festival, which gives the little visitors a lot of pleasure, starts in Achim's pedestrian precinct.

Ebenfalls ein schönes Sommervergnügen: An heißen Tagen stürzen sich die kleinen und großen Besucher ins kühlende Nass des Achimer Freibades.

Also a wonderful summer pleasure: On hot days children and adults rush to the cool water of Achim's open-air swimming pool.

S. 96. Alle Wege in Achim führen irgendwann zur Weser. Der beliebte Weser-Radweg läuft direkt am Strand entlang.

P. 96: In Achim all roads lead to the Weser at some point. The popular Weser cycle track runs directly along this bank.

S. 97: Der Badener Berg ist ein beliebter Ausflugsort. Hier legen auch heute noch Ausflugsschiffe an, die gen Bremen fahren. Die Weser bietet jede Menge Vergnügen für Wassersportler.

P. 97: Baden Berg is a popular place to go for an outing. Excursion ships going toward Bremen berth here today. The Weser offers lots of pleasure for water sportsmen.

S. 98/99/100: Kultur wird in Achim groß geschrieben. 2008 begeisterte die Achimer die Oper Nabucco unter freiem Himmel. Die Oper wurde vor dem Bibliotheksplatz aufgeführt.

P. 98/99/100: Culture is of great importance in Achim. Achim residents watched the opera Nabucco with great enthusiasm under the open sky in 2008. The opera was staged in front of Library Square.

S. 101: Das Wasserspiel mit dem Maskengesicht inmitten der Fußgängerzone erfreut die Kinder, die hier nach Herzenslust planschen können.

P. 101: The fountain with a masked face in the middle of the pedestrian precinct pleases the children who can splash around here to their heart's content.

Den Gewerbegebieten entlang der A 1 hat die Gemeinde Oyten den wirtschaftlichen Aufschwung zu verdanken. Über 2000 Menschen arbeiten hier.

The town of Oyten has the industrial parks along the A1 to thank for the economic upswing. Over 2 000 people work here.

Rege Wirtschaftskontakte und uralter Siedlungsraum

Oyten wurde 1204 das erste Mal urkundlich erwähnt

Der Ort dürfte vielen bekannt sein und ist auch häufiger im Radio zu hören. Nicht nur die Figur Kuhno van Oyten des Stern-Zeichners Tetsche kommt aus Oyten. Wer die A 1 oder die A 27 in Richtung Bremen oder Hamburg befährt, kommt unweigerlich an dem Autobahnschild Oyten vorbei oder hört den Namen im Verkehrsfunk, weil sich hier wieder einmal ein Stau gebildet hat und die Umleitungsstrecke bekannt gegeben wird. Die verkehrsgünstige Lage und die Nähe zu Bremen haben der Gemeinde in den vergangenen Jahren zu einem ungeahnten Aufschwung verholfen. Mittlerweile ist aus dem einstmals kleinen Dorf bei Bremen eine Großgemeinde mit über 15 000 Einwohner geworden. Belegtes Beispiel für den Aufschwung ist die wirtschaftliche Infrastruktur, die für einen Ort in der Größe sehr außergewöhnlich ist und obendrein für sprudelnde Steuerquellen in der Gemeindekasse sorgt. Das Wirtschaftsleben ist rege. Und das im doppelten Sinne. Die Gemeinde hat für über 45 Betriebe Gaststättenkonzessionen ausgestellt. Für Übernachtungsgäste stehen fast 350 Hotelbetten zur Verfügung. Ganz besonders ist wohl auch, dass hier in 16 privaten Einrichtungen 650 Pflegeplätze für pflegebedürftige Menschen bestehen.

Von der A 1 aus ist der große Gewerbepark Oyten kaum zu übersehen. Im Gewerbepark arbeiten Firmen aus den verschiedensten Bereichen. Die Schwerpunkte sind der Maschinenbau, Dienstleistungen und Logistik. Mit über 2 000 Arbeitsplätzen hat der Gewerbepark eine große Bedeutung nicht nur für die Gemeinde, sondern für die gesamte Region. Die Betriebe, die sich hier angesiedelt haben, sind nicht nur im gesamten Bundesgebiet, sondern in Europa und teilweise sogar weltweit tätig.

Wo heute mit internationalen Handelspartnern kommuniziert wird, beackerten die Urahnen die Böden. Oyten liegt auf einem Geestrücken zwischen Achim, Ottersberg und Fischerhude und ist uralter Siedlungsraum, davon zeugen allein 75 Urnengräber aus der Eisenzeit, die bei Tüchten entdeckt wurden.

Die erste urkundliche Erwähnung Oytens geht auf das Jahr 1204 zurück. In diesem Jahr genehmigte der Erzbischof Hartwig von Bremen den Ankauf eines „Zehnten" zu Oyten für 82 Mark zugunsten des Paulklosters zu Bremen. In diesem nachweislich ältesten Dokument wird der Ortsname „Oite" benutzt. Es deutet einiges daraufhin, dass das altsächsische Wort hoit", welches Hoch bedeutet und mit dem englischen „high" verwandt ist, für die Namensgebung in Frage kommt. Das ist jedenfalls die Deutung der Oytener Ortschronisten. Diese These würde sich mit der geographischen Lage Oytens decken, denn durch seinen hohen Geestrücken überragt Oyten das umliegende Bremer Becken erheblich. Andere legen die Bezeichnung eines Baches, der Eiter hieß und in früherer Zeit hier geflossen sein soll, der Namensgebung zugrunde.

Idyllischer See direkt am Oytener Rathaus.

Idyllic lake directly at Oyten Town Hall.

Im Plattdeutschen wird die Gemeinde noch heute „Eiten" genannt. In der ersten urkundlichen Erwähnung des Erzbischofs Hartwig von Bremen hieß es „Oite."

Bassen wird erstmalig als „Bersighere" erwähnt. Sagehorn leitet sich ab von Segge = Riedgras/Binse und Horn = Ecke/Spitze. Bockhorst steht für Buchenhorst oder Buchenwald. Schaphusen – interessanterweise findet sich diese plattdeutsche Schreibform auf jeder modernen Karte; hingegen heißt es auf einer Karte des 18. Jahrhunderts Schafhausen. Der zweite Wortteil –hausen steht für Ort – also: Ort, um den herum die Schafhaltung eine besondere Rolle spielte. Meyerdamm und Oyterdamm sind dagegen relativ junge Ortsteile. Ihre Namen bezeichnen einen realen Hintergrund. Weil sich ein Herr Meyer aus Achim, seines Zeichens Amtmann in dem Nachbarort, sehr tatkräftig für die Urbarmachung und Besiedlung der

Die grüne Lunge der Großgemeinde liegt zentral und soll als Bürgerpark genutzt werden.

The green lungs of this large community lie at its centre and are to be used as a park for the people.

Moorkolonie einsetzte, wurde ihm zu Ehren das Dorf Meyerdamm genannt. Oyterdamm ist einfach der Damm, der Bremen mit Oyten verbindet. Die ursprünglich den Verkehrsweg meinende Bezeichnung wandelte sich mit der Höfegründung zum Ortsnamen Oyterdamm. Das Königsmoor war für Oyten so etwas wie eine natürliche Sperre zur Stadt Bremen hin, denn vor dem Dammbau führte kein Weg durch dieses unbegehbare Moor. Um in die Stadt zu gelangen, musste der Umweg über Achim eingeschlagen werden. Das war oft sehr beschwerlich bei den damaligen Wegen. Durch die Zugehörigkeit zum Kirchspiel Achim waren Taufen, Trauungen sowie Bestattungen nur hier möglich. Erst mit dem Bau der Kirche in Oyten trat eine Besserung ein. Mit der Kircheinweihung im Jahre 1862 wurde Oyten zum Kirchspiel ernannt.

Mit der Verbesserung der Verkehrswege und dem Einsetzen der Industrialisierung veränderte sich auch

Auch die Oytener feiern gerne. Beim Frühlings- oder beim Sommerfest ist die Hauptstraße regelmäßig dicht bevölkert.

The residents of Oyten also like to have a good time. During the Spring Festival or Summer Festival the main street is always densely populated.

das Bild der Dörfer. Die Strohdächer der Gebäude verschwanden vielerorts. Die Dorfstraße mit alten Haustypen, alten Bäumen wich der Asphaltstraße mit Hochbord und modernisierten Fassaden. Die Neubauten wurden kleiner, aber auch zahlreicher. Die Menschen arbeiteten nicht mehr in der Landwirtschaft, sondern in den Fabriken der benachbarten Großstadt oder heute im modernen Oytener Gewerbepark. Die über Jahrhunderte funktionierende Dorfgemeinschaft wich zunehmend dem neuen Lebensstil der mobilen Gesellschaft. Dass der Ort aber dennoch über ein funktionierendes Vereinsleben verfügt, das demonstrierte eindrucksvoll die 800-Jahr-Feier der Gemeinde, die im Jahre 2004 stattfand. Unter Mithilfe aller Vereine, der Selbständigen und vielen privaten Initiativen konnte das Jubiläum das ganze Jahr über gefeiert werden. Höhepunkt dabei war der große Festumzug mit über 800 Teilnehmern und der Rathausmarkt mit vielen Aktionen rund um das Oytener Rathaus.

Das sehenswerte Ensemble des Heimathauses, das vom Heimatverein gepflegt wird. Hier finden auch zahlreiche kulturelle Veranstaltungen statt und Paare können sich im romantischen Ambiente trauen lassen.

The remarkable ensemble of the Heimathaus, which is maintained by the heritage society. Also a number of cultural events take place here, and couples can marry here in this romantic ambiance.

S. 108 oben und unten, S. 109 oben: Dorfidylle mit Fachwerk und Obstbaumwiese in Bassen.

P. 108 above and below, P. 109 above: Village idyll with half-timbering and a meadow of fruit-trees in Bassen.

S. 109 unten: Blocks Huus in Bassen. Das Dorfgemeinschaftshaus ist von einem Verein wieder prächtig herausgeputzt worden und ist nun der kulturelle Treffpunkt der Dorfgemeinschaft.

P. 109 below: Blocks Huus in Bassen. The village community house has been marvellously decorated by an association and is now a cultural meeting place of the village community.

Heideidylle mit Schafen und Hirten im Königsmoor bei Oyten. Das Naturschutzgebiet wird von den vierbeinigen Rasenmähern „entkusselt". So wird die Beseitigung von Sträuchern und Birkenbäumen genannt, die das Moor „trocken" legen würden.

Idyllic heath with sheep and shepherds in Königsmoor at Oyten. The nature reserve is cleared of young saplings by four-legged lawn-mowers. This elimination of bushes and birch trees prevents the marsh from „drying out".

Die Schauspielabteilung der Fachhochschule bereichert zahlreiche Feste mit ihren Maskenmenschen.

The drama department of the technical college enriches numerous celebrations with its masked actors.

Tradition sowie gelebte Kunst und Kultur

Der Flecken Ottersberg und das Künstler- und Bauerndorf Fischerhude

Wenn auf einer öffentlichen Feier in Ottersberg merkwürdig aussehende Maskenmenschen auftauchen, dann wissen die Insider meistens schon Bescheid. Die ungewöhnlichen Besucher kommen aus der Schauspielabteilung der Fachhochschule für Kunst & Kunsttherapie. Die private Kunsthochschule mit Schauspielabteilung – im Übrigen die einzige Hochschule im Kreis – sorgt nicht nur mit dem Auftritt der Maskenmenschen, sondern auch durch die Präsenz der zahlreichen Studenten und ihrer Aktivitäten für Farbtupfer im Flecken Ottersberg. Der Flecken Ottersberg, zu dem auch das Künstler- und Bauerndorf Fischerhude gehört, ist nicht nur durch die Kunststudienstätte und die rund 500 Kunststudenten im Vergleich zur Einwohnerzahl eine Art Kunst- und Kulturmetropole des Kreises. Aber nicht nur das: Mit dem Großkaufhaus Dodenhof, das in Posthausen beheimatet ist, befindet sich hier auch noch der größte Arbeitgeber im Kreis Verden. Rund 2 000 Menschen sind bei Dodenhof beschäftigt und sorgen mit dafür, dass die Erfolgsgeschichte vom kleinen Kaufmannsladen zum größten Einkaufszentrum in Norddeutschland weitergeht.

Insgesamt hat der Flecken über 12 000 Einwohner und ist obendrein mit 9 903 ha flächenmäßig eine der größten Gemeinden im Landkreis Verden. Als Einheitsgemeinde 1972 durch die Verwaltungs- und Gebietsreform gegründet, besteht sie aus den Ortschaften Flecken Ottersberg und Flecken Fischerhude sowie Otterstedt, Posthausen und Narthauen. Die Ortschaft Ottersberg blickt dabei auf eine fast 1000-jährige Geschichte zurück. Von dieser Tradition zeugt unter anderem der Amtshof, ein Backsteinbau mit schlossähnlichem Charakter, der auf einer flachen Düne zwischen den Flussarmen der Wümme errichtet wurde und vermutlich der Ursprung der Siedlung war. Das Amt Ottersberg, dessen Bezeichnung „Amt" mit der schwedischen Verwaltung der damaligen Bistümer Bremen und Verden nach 1648 geläufig wird, bestand bis 1859. Der Amtmann hatte seinen Sitz in der Burg, daher die Benennung „Amtshof". Das noch existierende Hauptgebäude wurde in seiner jetzigen Form 1585 erbaut. Die Renaissance-Portale tragen die Jahreszahl 1619. Auch Reste vom Wall- und Burggraben sind erhalten. Umfassend restauriert beherbergt das Baudenkmal seit 1946 die Freie Rudolf-Steiner-Schule. Die Waldorfschule hat nach dem Kriege dafür gesorgt, dass in das schon fast verfallene Baudenkmal wieder Leben eingekehrt ist und pflegt und hegt obendrein die wunderschöne Gesamtanlage. Im Amtshofgarten mit prächtigen Rosenstöcken findet der Gartenbauunterricht für die Schüler statt.

Die Fachhochschule Ottersberg wurde 1967 als „Freie Kunst-Studienstätte" gegründet und 1984 staatlich anerkannt. Sie ist heute die größte Hochschule für Kunsttherapie in Europa. Zurzeit werden der Studiengang Kunsttherapie/Kunstpädagogik in den Studienrichtungen Bildende Kunst und Darstellende Kunst sowie der Studiengang Freie Bildende Kunst angeboten. Mit ihren durchschnittlich 500 Studierenden hat die Fachhochschule eine überschaubare Größe, durch die der persönliche Kontakt zwischen Lehrenden und Studenten möglich ist. „Studieren im Grünen am Puls der Zeit" lautet das Motto der Fachhochschule mit ihrem Standort inmitten der Natur und ländlicher Umgebung. Weiter verfügt der Hauptort Ottersberg seit dem vorigen Jahr mit dem Schulzentrum Wümmeschule nicht nur über eine Haupt- und Realschule, sondern auch über ein selbstständiges Mittelstufengymnasium.

Posthausen wird vom ehemaligen Hochmoor, dem „Hellweger Moor" geprägt. Seine planmäßige Kultivierung begann im letzten Viertel des 18. Jahrhunderts durch den Moorkolonisator Jürgen Christian Findorff. 1790 wurden vom Staat 1 800 ha Moor erworben und zehn Dörfer mit 131 Anbauernstellen errichtet. Die Siedler waren meist Bauernkinder und Häuslinge aus der Umgebung. Sie lebten anfangs vom Torfstich und von der Schaf- und Bienenzucht. An beidseitig von Birken gesäumten Straßen reihen sich in kilometerlanger Kette die Häuser mit Nebengebäuden bis ca. 200 m Abstand auf. Wie die Posthauser früher lebten, lässt sich heute anschaulich im Heimatmuseum nachvollziehen. Im heutigen Ortskern Posthausens ist durch die Initiative einer hiesigen Kaufmannsfamilie das Einkaufszentrum Dodenhof entstanden, inzwischen das größte Einkaufszentrum Norddeutschlands.

Fischerhude wirbt damit, das Dorf der Bauern und Künstler zu sein und hat es mit dieser beson-

Der Ottersberger Ortskern mit Schule und Rektorhaus im Jahre 1958.

The Ottersberg town centre, in 1958, with its school and rectory.

deren Mischung der Ortsbewohner bundesweit zu einiger Berühmtheit gebracht. In über 200 Buchtiteln wird die idyllische Lage und Struktur des Dorfes erwähnt und beschrieben. Fischerhude liegt auf einem langen Dünenzug zwischen den Wümmearmen. Im Dorfkern fällt die traditionelle Bausubstanz mit intakten großen Höfen und üppigem Bestand an alten Eichen auf. Beschauliche, mit Kopfsteinpflaster befestigte Straßen sowie die starke Durchsetzung des Ortes mit Wasserläufen der Wümme, verleihen dem Ort nach wie vor einen urwüchsigen Charakter. Die Bauern, die hier früher wirtschafteten, hatten ihre Höfe direkt an der Wümme gebaut oder waren mit ihr durch „Groven" (Gräben) verbunden, die ihnen das Entladen des Heus ermöglichten, dass sie mit mächtigen Stakbooten anlieferten. Die Stakboote und stattliche Bootsschuppen finden sich auch noch heute im Dorfbild. Wer Glück hat, kann im Sommer Einheimische auf der Wümme entdecken, die den Besuchern den idyllischen Ort vom Stakboot aus zeigen. Das Wasser war die Hauptverkehrsader des Dorfes und ist bis heute dominierend. Die einzigartige Landschaft ist hier durch große, offene Wiesen und durch die in mehreren Seitenarmen fließende Wümme geprägt. Die Wiesen sind vor allem im Winterhalbjahr sehr feucht und werden häufig überschwemmt. Die Wümmeniederung verfügt dadurch über eine einzigartige ökologische Vielfalt und über ein nahezu unberührt anmutendes Landschaftsbild. Das hat auch das Umweltministerium der Bundesregierung erkannt und hier mit großzügigen Fördermitteln unter Federführung des Landkreises ein Naturschutzgebiet von „gesamtstaatlicher Bedeutung" eingerichtet. In dem Naturschutzgebiet „Fischerhuder Wümmeniederung" wurden weite Teile der Niederung wieder renaturiert und in ihrer ökologischen Bedeutung nachhaltig aufgewertet. Erklärtes Ziel ist es, hier wieder den Otter heimisch werden zu lassen. Und die Zeichen dafür stehen gut. Trittspuren des scheuen und possierlichen Fischräubers wurden bereits wieder gesichtet. Seltene Vogelarten wie Schwarzstorch, Seeadler, Rohrdommel oder Bekassine sind bereits ansässig und selbst der Lachs soll sich wieder in der Wümme tummeln.

Aber es ist nicht nur die Schönheit der Natur, die das Dorf Fischerhude auszeichnet. Seit der Worpsweder Landschaftsmaler Otto Modersohn 1896 Fischerhude entdeckte und sich zu Beginn des 20. Jahrhunderts hier niederließ, wurde der Ort zum Anziehungspunkt für Malerinnen und Maler und ist es bis heute geblieben. Kunst ist seit dem ein Schwerpunkt des Dorfes:

Stakbootfahren auf der Wümme wie in früheren Zeiten. Manfred Wolfsson führt vor, wie früher für die Fischerhuder Bauern die Heuernte ausgesehen hat.

Punting on the Wümme just like in earlier times. Manfred Wolfsson demonstrates how the hay harvest looked for Fischerhude's smallholders in the past.

Kunsthandwerkerinnen und Kunsthandwerker zeigen in Galerien ihre Werke, Malerinnen und Maler wirken in ihren Ateliers, Bilder von der ersten Malergeneration bis heute können in Ausstellungen besichtigt werden. Dabei ist das Otto-Modersohn-Museum ein lohnendes Ziel für jeden Besucher. Das Museum zeigt in wechselnden Ausstellungen das künstlerische Werk Modersohns.

Seit dem Jahr 2001 hat Fischerhude in Buthmanns Hof an der Kirchstraße einen neuen Kunstschwerpunkt gefunden. Der Fischerhuder Kunstverein, der sich zur Aufgabe gemacht hat, Kunst und Kultur der Region zu bewahren und zu unterstützen, zeigt in den neuen Räumen in wechselnden Ausstellungen die Werke der Künstlerinnen und Künstler aus Vergangenheit und Gegenwart. Sehenswert auch das Heimathaus Irmintraut, dem ehemaligen Tietjenhof in der Ortsmitte. Das Haus, benannt nach der früh verstorbenen Tochter des früheren Besitzers Dr. Hinrich Schloen, beherbergt ein sehenswertes Museum. Hier lässt sich am historischen Flett, der großen Diele mit Ställen und Kammern, sowie dem großen Gelände mit Backhaus und Kornspeicher (Spieker) ländliches Leben unserer Vorfahren anschaulich nachvollziehen.

In dem Ortsteil Quelkhorn bildet die sorgfältig restaurierte Galerieholländer-Windmühle aus dem Jahre 1880 auf dem Gelände des Parzival-Hofes – auf der Höhe günstig dem Wind ausgesetzt – einen attraktiven Blickfang. Der Mühlenberg eröffnet eine weite Sicht auf die nordwestlich angrenzende Moorniederung bis hin zum Teufelsmoor und dem Weyerberg. Auch die Silhouette Bremens kann man von hier gut erkennen.

Die Nordgrenze des Fleckens Ottersberg bilden die Ortschaften Otterstedt und Narthauen. Stark von der Landwirtschaft geprägt, ist ein Wesensmerkmal von Otterstedt die umgebende Kulturlandschaft mit dem Pastorensee – auch Otterstedter See genannt – der zum Baden einlädt. Quer durch Otterstedt verläuft der ökologisch, gestalterisch und geschichtlich bedeutsame Beeke-Talraum, der die Ortslage von Beginn der Besiedlung an in zwei Dorfteile gliedert. Das Dorf belegte im Jahre 2008 im Wettbewerb „Unser Dorf hat Zukunft“ Platz eins auf Kreisebene. Das Dorf Narthauen mit seiner überschaubaren reinen dörflichen Struktur wird immer mehr zum gesuchten Kleinod von künstlerisch Schaffenden. Häufig ausgezeichnet im Programm „Unser Dorf soll schöner werden“ lädt Narthauen mit seinem Glockenturm als Wahrzeichen auf zahlreichen Wegen und Straßen zum Wandern ein.

S. 116: Die prächtige Allee am Ottersberger Amtshof im Frühlingskleid.

P. 116: The splendid avenue at Ottersberg's Amtshof dressed in its spring clothes.

S. 117 oben und mitte: Der Amtshof in Ottersberg. Bereits um 1180 gab es auf dem Sandberg am Nordarm der Wümme eine urkundlich erwähnte Burganlage. Heute ist hier der Sitz der Freien Rudolf-Steiner-Schule, die die Anlage pflegt und unter anderem auch den prächtigen Schulgarten angelegt hat. Im Sommer blühen hier die duftenden Rosen üppig.

P. 117 above and middle: Amtshof in Ottersberg. As far back as 1180 documents mentioned this castle complex on the north arm of the Wümme. Today it is the seat of the Rudolf Steiner School which maintains the complex and, among other things, laid out the splendid school gardens. The fragrant roses bloom luxuriantly here in summer.

S. 117 unten: Gästeführerin Hilde Koch erläutert in original Ottersberger Tracht Besuchern das historische Ensemble des Amthofes. Der Verein der Gästeführerinnen und Gästeführer im Kreis Verden ist in Ottersberg angesiedelt.

P. 117 below: Tourist guide Hilde Koch, in traditional Ottersberg dress, explains the historical ensemble of the Amthof to visitors. The tourist guides organization for the district of Verden is located in Ottersberg.

Wo früher die Katen der Moorbauern standen, wird heute eingekauft

Einkaufszentrum mitten im Moor

Es ist eine einzigartige Erfolgsgeschichte für ein Unternehmen. Vom kleinen Kaufmannsladen in Posthausen zum größten Einkaufszentrum Norddeutschlands hat sich das Posthauser Kaufhaus Dodenhof entwickelt. Und das mitten im Moor. Wo früher die Katen der Moorbauern standen, die von hier aus in mühsamer Plackerei das Land kultivierten, steht heute das größte Einkaufszentrum Norddeutschlands, das auf dem platten Land ein großstädtisches Angebot vorhält. „Alles was das Leben schöner macht" – das ist der Slogan des Hauses und unter diesem Motto bedient Dodenhof seit nunmehr 100 Jahren seine Kunden. Dabei fing alles mit einem kleinen bescheidenen Stubenladen an, in dem es für die Moorbauern zu kaufen gab, was man auf dem Hof gebrauchen konnte. Nägel, Maschendrahtzaun oder auch Brot und Gewürze.

Es begann mit der Eröffnung des Ladens in Stellenfelde im Jahre 1910 durch Hermann Dodenhof senior. Wo heute tausende von Autos parken, war früher unwegsames Moor. Nur ein Moordamm führte vom Gut Stelle zu der Kreuzung, wo heute der große Kaufhauskomplex steht. Mit Alfred Dodenhof übernahm 1935 die zweite Generation die Leitung des Unternehmens, 1939 beschäftigte das Kaufhaus bereits 25 Mitarbeiter. Heute sind es über 2500. Direkt nach dem Krieg – 1945 – führte das Kaufhaus etwas einzigartig Neues ein. Da Posthausen für nicht motorisierte Menschen schlecht erreichbar war, führte Dodenhof den Bring- und Abholservice ein und holte seine Kunden sogar von zu Hause ab, damit sie in Posthausen einkaufen konnten. 1964 übernahmen Hermann Dodenhof und seine Frau Gloria das Geschäft in dritter Generation. Innerhalb weniger Jahrzehnte entwickelte sich aus dem kleinen Posthausener Geschäft ein Einkaufszentrum, das 1975 sein erstes Einrichtungshaus mit 10000 Quadratmetern Fläche eröffnete. Schon zehn Jahre später bot der Bereich Möbel alles zum Thema Wohnen und Einrichten auf mehr als 28000 Quadratmetern an. Absoluter Höhepunkt und das bis dato aufwendigste Bauprojekt in der Firmengeschichte: das Modehaus, das im Jahr 1994 eröffnete. Heute findet sich auf mehr als 100000 Quadratmetern ein vielfältiges Angebot aus den Bereichen Wohnen, Mode, Technik, Sport, Spielwaren, Gartenbedarf, Lebensmittel. Gerade in jüngster Zeit hat das Kaufhaus wieder besonders viel investiert und die Einkaufsflächen stark erweitert. 2006 eröffnete ein Supermarkt mit über 90000 Artikeln, den vielen Frischebereichen und einer der größten Weinabteilungen des Nordens. Mit der Eröffnung des neuen Sport- und Technikhauses durch Ralph Dodenhof Ende Oktober 2008 hat Dodenhof einen weiteren großen Schritt getan. Direkt neben dem Supermarkt finden Kunden hier ab sofort auf mehr als 10000 Quadratmetern die Produktwelten Sport und Technik in einer völlig neuen Form der Warenpräsentation.

Es ist eine einzigartige Erfolgsgeschichte. Aus dem kleinen Dorfladen im Moor von Hermann Dodenhof (S.118 oben) und dem Hol- und Bringdienst für die Kunden nach dem II. Weltkrieg wurde Norddeutschlands größtes Einkaufszentrum mit großem Mode- und Einrichtungshaus (S.119 rechts) sowie dem neuen Technikhaus.

It is a unique success story. After the Second World War, Hermann Dodenhof's (P. 118 above) small village shop in the moor and its "kerbside and bring" service for customers became North Germany's biggest shopping centre with a large fashion and furnishing house (P. 119 right) as well as the new technology house.

Modehaus
Niederrheinische
Fettschmelze
Altfettentsorgung

Sport
Bist Du bereit

Die Ottersberger Christophorus-Kirche – auch Schwedenkirche genannt, weil sie zurzeit der schwedischen Besatzer im Jahre 1667 erbaut wurde. Von innen zeigt sie sich im schlichten Barockkleid. Beeindruckend sind die Deckeninschriften.

Ottersberg's Christophorus church – also called Sweden Church, because it was built during the time of the Swedish occupation in 1667. It is simple Baroque on the inside. The ceiling inscriptions are impressive.

Das Ottersberger Rathaus war früher die Villa Otterstedt und damit die Heimstatt einer gut betuchten Ottersberger Familie.

Ottersberg's Town Hall used to be Villa Otterstedt and as such the home of a well-to-do Ottersberg family.

oben und mitte: Festumzug zum Ottersberger Herbstmarkt: Das Volkfest ist im September der Publikumsmagnet in der Region und blickt auf eine über 300 Jahre alte Tradition zurück.

above and middle: Procession to the Ottersberg Autumn Market: The fair is the region's crowdpuller and takes place in September. It looks back on more than 300 years of history.

unten: Die festliche Eröffnung des Herbstmarktes am Kettenkarussell mit den Gemeindeoberen und dem Festausschuss bietet immer wieder ein farbenfrohes Bild.

below: The festive opening of the Autumn Market at the merry-go-round with municipal leaders and the festival committee. It makes a colourful picture again and again.

S. 124: Bauernhaus in Fischerhude am Wümmesteg.

P. 124: Farmhouse in Fischerhude at a Wümme footbridge.

Idyllischer „Melkerstieg" für Radfahrer und Fußgänger an der Wümme in Fischerhude.

Idyllic „Melkerstieg" (milker's steps) for cyclists and pedestrians on the Wümme in Fischerhude.

oben links: Schuppen für ein Stakboot auf dem Gelände des Heimathauses Irmintraut. Die Boote waren früher das vorherrschende Transportmittel in dem Dorf, das von Flussarmen umschlungen scheint.

above on the left: Heimathaus Irmintraut. In the past, boats were the predominant means of transport in this village which is embraced by the river arms.

oben rechts und unten: Villa in Fischerhude: Das Künstler- und Bauerndorf zieht die naturhungrigen Städter in seinen Bann und ist vor allem am Wochenende ein beliebtes Ausflugsziel für die Bremer.

above on the right and below: Villa in Fischerhude: The artists' and farming village draws city dwellers looking for nature under its spell. It is first and foremost a popular destination for weekend outings for people from Bremen.

S. 128 : Der Speicher beim Heimathaus Irmintraut.

P. 128: A storehouse at Heimathaus Irmintraut.

S. 129 oben: Herbstimpression an einer Fischerhuder Villa mit kunstvoll gestalteten Brunnen.

P. 129 above: Autumn impression at a Fischerhude villa with its artistically arranged fountain.

S. 129 rechts: Cafés und Ateliers gibt es in Fischerhude reichlich.

P. 129 on the right: There are cafés and studios aplenty in Fischerhude.

S. 129 unten: Auch an einem trüben Herbsttag imposant: Das Ensemble des Heimathauses Irmintraut mit Blick auf die Liebfrauenkirche.

P. 129 below: Imposing, even on a dull autumn day: The ensemble of Heimathaus Irmintraut with a view of St. Mary's Church.

oben: Das historische Bauernhofensemble aus dem Jahre 1702 mit Speicher und Heimatmuseum wird von einer Stiftung unterhalten.

above: The historical farm ensemble from the year 1702 with the storehouse and the museum of local history and culture is maintained by a foundation.

unten: In Fischerhude gibt es seit Ende des 13. Jahrhundert ein Gotteshaus als Filiale der Kirche in Wilstedt. Die heutige Liebfrauenkirche wurde 1841 erbaut und 1886 erweitert. Die Kirche wird von einer alten Friedhofsmauer mit barocken Grabsteinen umgeben.

below: Since the end of 13th century there has been a place of worship in Fischerhude – a „branch office" of the church in Wilstedt. Today's Liebfrauenkirche (Church of Our Lady) was built in 1841 and enlarged in 1886. The church is surrounded by an old cemetery wall with Baroque gravestones.

Das Künstlerdorf heißt nicht nur so, sondern zieht tatsächlich seit Jahrzehnten Künstler an. In Buthmanns Hof zeigt der Kunstverein regelmäßig in Sonderschauen das Wirken und Schaffen der Fischerhuder Künstler (hier eine Ausstellung mit Exponaten der Fischerhuder Malerin Olga Bontjes van Beek). Weitere Ausstellungsorte sind das Otto-Modersohn-Museum, das sich dem Leben und Werk Otto Modersohns widmet sowie die Fischerhuder Galerie.

It is a village of artists not only in name - it has indeed attracted artists for decades. In Buthmanns Hof the art society regularly shows special exhibitions of the work of the Fischerhuder artists (here a show with exhibits by the Fischerhude painter Olga Bontjes Van Beek). Further exhibition places are the Otto Modersohn Museum, devoted to the life and work of Otto Modersohn, and the Fischerhude Gallery.

oben: Die Maifeier in Fischerhude. An drei Tagen herrscht im Dorf der Ausnahmezustand.

above: May Day festivities in Fischerhude – exceptional circumstances for three days in the village.

mitte: Die Quelkhorner Mühle steht auf dem Gelände des Parzival-Hofes, einer sozialtherapeutischen Einrichtung, die nach anthroposophischen Grundlagen arbeitet. Zu den Werkstätten gehört auch der Gartenbaubereich.

middle: The Quelkhorner mill stands on the grounds of the Parzival Court, a social therapeutical facility which works according to anthroposophic principles. The gardens are also part of the facility.

S. 133 oben und unten: Ist von weither sichtbar: Die restaurierte Quelkhorner Mühle auf dem Mühlenberg wurde im Jahr 1880 erbaut und erst vor wenigen Jahren umfangreich durch den Parzival-Hof renoviert.

P. 133 above and below: Visible from afar: The restored Quelkhorner mill on Mühlenberg was built in the year 1880 and extensively renovated by the Parzival Court a few years ago.

S. 134: Wirtschaftsweg mit Raureif an den Wümmewiesen.

P. 134: A farmers' road with frost at the Wümme meadows.

P. 135: Auch im Winter sehenswert. Auf den dann zugefrorenen Wasserflächen der Wümmewiesen tummeln sich die Schlittschuhläufer.

P. 135: Equally remarkable in winter. Ice-skaters crowd the expanses of water at the Wümme meadows when they are frozen.

Überschwemmte Wümmewiesen bei Ottersberg im Morgenrot. Im Herbst und Frühjahr tritt die Wümme regelmäßig über die Ufer und überschwemmt Äcker und Wiesen.

Flooded Wümme meadows in Ottersberg at dawn. In autumn and spring the Wümme regularly rises above its banks and inundates fields and meadows.

S. 138, 139: Die Wümmewiesen bei Fischerhude sind ein Naturschutzgebiet von gesamtstaatlicher Bedeutung. Unzählige Vögelschwärme nutzen die nassen Wiesen als Rastplatz.

P. 138, 139: The Wümme meadows at Fischerhude are a nature reserve of national importance. Innumerable flocks of birds use the wet meadows as a resting place.

S. 140: Die idyllisch gelegenen verschneiten Häuser an den Wümmewiesen strahlen einen ganz besonderen Reiz aus.

P. 140: The idyllically situated snowy houses at the Wümme meadows have a unique fascination.

Noble horses, venerable history and modern age

This district has culture and savoir-vivre

Here you will find the most beautiful cattle at a show of the best; the most expensive and noblest horses at an elite auction in Verden; splendid buildings in the Weser Renaissance style such as the ancestral estate in Thedinghausen; Fischerhude – the enchanted idyllic village of smallholders and artists; the unbelievable story of the little village grocer that grew into a large department store in Posthausen; the venerable cathedral in Verden with its 1000-year-old history; the confectioner's house in Achim and so much more. There is no doubt that the district of Verden has a great deal to offer.

Each of the approximately 134 000 people that live here appreciate this, and every visitor who holidays here should get the chance to discover it.

Culture, lifestyle and regional identity are also reflected in the monuments of a region. In the administrative district of Verden many of these stone testimonies of long-gone epochs can be found. In Etelsen the grand castle with its splendid castle gardens; in Ottersberg the historical Amtshof; in Verden the cathedral; and in Thedinghausen the ancestral estate. Whoever is interested in different architectural styles from past centuries should begin his tour to these historical monuments immediately. Whoever is in good shape can even do this by bicycle. A cyclist need not ride more than 50 kilometres to see all the sights listed. Moreover, the many wind mills and water mills in the area are landmarks and, at the same time, decorate the landscape. The Schmomühle mill in Brunsbrock, the Osmersche windmill in the west or the windmills in Dörverden, Blender, Etelsen, Achim or Quelkhorn at Fischerhude. Speaking of Fischerhude – this village of smallholders and artists is regarded as one of the most picturesque gems in the district. It attracts visitors from all over Germany. „It was exquisite punting on the Wümme on the summer's evening, past the luxuriant tree growth which lined the banks, under the primitive old wooden bridges; funny duck houses standing on tall legs. Everywhere, the busy antics of ducks and bathing children. So it was that we always spent enjoyable, artistically exciting hours in Fischerhude," Otto Modersohn wrote in 1941 about his first visits in Fischerhude. The landscape painter liked the village so much that he stayed and settled down with his family here. Today the Otto Modersohn Museum, which is operated by the Modersohn family, commemorates his life's work with changing exhibitions.

In Fischerhude it is the branches of the river Wümme that wind through the village; in Verden it is the many little lanes and alleys which make out the charm of this county town. Verden's cathedral is more than 1000 years old and rises high above the tangled streets of the southern town, which got its present form in 1490. The former diocesan town has quite a worldly orientation today, though. Verden presents itself as a centre for horse breeding and the equestrian sport with its German Horse Museum; and as a centre of cattle production; as an administrative centre with numerous national and regional authorities; and, with its country and district courts, as a centre for the administration of justice.

Achim, the second town in the district, does not take second place to Verden with regard to population. On the contrary: With a population of about 30 000 there are about 2500 more residents in Achim than in Verden. The touch of the Middle Ages is missing here, though. Instead, the town planners of Achim's pedestrian precinct agreed on „Italian flair" and won a gold medal for the town some years ago. A modern town hall characterizes its centre. Opposite the town hall and the library stands the 1789 Pforthaus. It used to serve as a prison.

All these are only some of the sights that make this administrative district so attractive. The district encompasses 788 square kilometres; it lies in the immediate neighbourhood of the city of Bremen. If you want to reach the Hanseatic town by train or car – no problem. There are two motorways – the A 1 and the A 27 – which go to the city; and the regional trains on the route from Bremen to Hamburg and Hanover also stop in Achim, Langwedel, Verden, Oyten or Ottersberg.

If you prefer to travel by bicycle you will discover varied scenery here, showing all the elements typical for North Germany. The river marshes in the low-lying areas of the Weser and Aller make up the south-western part of the district. This is the centre of Hanover horse breeding. The Wümme valley, which runs through the north of the administrative district, holds numerous low marshes and is seen as being worthy of protection as a wetland of international importance. The low hills of Verden and Lintelner Geest lie in the southeast. This densely wooded landscape forms a transition to the nearby Lüneburger Heath.

And there are also great festivals in the district of Verden. Allerspektakel, open air theatre, concerts, Domweih in Verden, Thänhuser Market or the Autumn Market in Ottersberg – more than 300 years of tradition. These and many other celebrations show how much the people in this district enjoy a party.

Where they celebrate, they also work. International companies such as Vitakraft in Achim, Mars in Verden or the large department store Dodenhof in Posthausen show the economic power and industry-specific mixture. Discover the district of Verden. It is worthwhile....

Literaturverzeichnis

Walter Kempowski/Jochen Mönch: Der Landkreis Verden. Ein Portrait. Verden 1987
Der Landkreis Verden. Verden, 1981
Unterwegs im Landkreis Verden, Ausflüge in Kultur, Geschichte und Natur. Herausgegeben vom Fischerhuder Kunstkreis e. V. , Fischerhude 2004
Horst Korte: Stadt Achim, Geschichte und Gegenwart , Achim 1984
Manfred Below, Björn Emigholz: Verden, 1999
Landkreis Verden WerWoWas, Nordhorn 2008
Spendig, Sindel: Verden damals und heute, 1978
Heimatverein Oyten: Oyten in Bildern, Oyten 1983
Achim in alten Ansichten, Europäische Zentralbibliothek 1996
Langwedel in alten Ansichten, Verden, 2001
Dammann Uwe, Dammann Hans-Joachim: Apensen-früher und heute, 1983, Selbstverlag
Dammann Uwe, Buxtehude-Altes Land: Medien-Verlag Hamburg 2008
Dammann Uwe, Stade-Altes Land: Medien-Verlag Hamburg 2003

Bildnachweis

S. 21 (unten): Hans-Henning Hasselberg
S. 26 (oben): Hans-Henning Hasselberg
S. 33 (mitte): Hans-Henning Hasselberg
S. 39: Inka Sommerfeld
S. 52: Christian Butt
S. 53: Christian Butt
S. 54: Jürgen Juschkat
S. 55: Jürgen Juschkat
S. 56-57: Jürgen Juschkat
S. 59: Christian Kosak
S. 63: Hans-Henning Hasselberg
S. 92 Christian Butt
S. 94 (unten): Christian Butt
S. 98-99: Christian Butt
S. 100: Christian Butt
S. 101: Christian Butt
S. 115: Hans-Peter Schirmer
S. 122: Heinz Kahrs
S. 129: Hans-Peter Schirmer
Alle anderen Uwe Dammann und Uwe Fricke

Unser Verlagsprogramm

Hamburg
Alster, die – ein Alltagsmärchen
Altona von A–Z
Barmbek im Wandel
Barmbek von A–Z
Bergedorf, Lohbrügge, Vierlande, Marschlande
Eimsbüttel von A–Z
Eppendorf von A–Z
Feuerwehr-Buch Hamburg, das Große
Hamburg – Stadt der Brücken
Hamburgs Fleete im Wandel
Hamburg im Bombenkrieg –1940–1945
Hamburg leuchtet –
die Hansestadt zur Blauen Stunde
Hamburgs schönste Seiten
Hamburgs Speicherstadt
Hamburgs stolze Fregatten – Konvoischifffahrt im 17. Jahrhundert
Hamburgs Straßennamen erzählen Geschichte
Harburg – von 1970 bis heute
Harburg von A–Z
Harburgs schönste Seiten
Langenhorn im Wandel
Polizei im Einsatz (Video)
Pompöser Leichenzug zur schlichten Grabstätte – ... St. Michaelis
Rothenburgsort, Veddel im Wandel
Winterhude von A–Z

Schleswig-Holstein
Ahrensburg – Stadt mit Adelsprädikat
Bad Oldesloe
Bad Segeberg im Wandel
Eckernförde – Portrait einer Ostseestadt
Fontane in Schleswig-Holstein und Hamburg
Helgoland
Pinneberg im Wandel
Reinbek und der Sachsenwald
Sagenhaftes Sylt
St. Peter-Ording
Sylt – die großen Jahrzehnte – in den1950er-, 60er-70er-, 80er-Jahren
Sylt – Noch mehr Inselgeschichten
Sylt im Wandel – Menschen, Strand und mehr
Sylt prominent
Sylts schönste Seiten

Niedersachsen
Braunschweig – Löwenstadt zwischen Harz und Heide
Buchholz in der Nordheide
Buxtehude, Altes Land
Celle – Stadt und Landkreis
Celler Hengstparade, die
Cuxhaven
Cuxhaven – Stadt am Tor zur Welt
Göttingen
Göttingen – alte Universitätsstadt
Hadeln, Wursten, Kehdingen
Hannovers schönste Seiten
List (Hannover), die, im Wandel
Papenburg – Fehnlandschaft an der Ems
Stade, Altes Land – Märchenstadt und Blütenmeer

Nordrhein-Westfalen
Aachen – Zwischen Augenblick und Ewigkeit
Bergisch Gladbach – Schloss-Stadt an der Strunde
Mönchengladbach – Grüne Stadt am Niederrhein

Bayern
Boten aus Stein – Alte Kirchen im Werdenfelser Land, am Staffelsee und im Ammergau
Garmisch-Partenkirchen – Herz des Werdenfelser Landes
Lüftlmalerei
Mittenwald, Krün, Wallgau